땅가진거지 부자 만들기 II

땅 가진 거지 부자 만들기 Ⅱ

초판 1쇄 발행 2018년 4월 5일

지 은 이 전재천, 박현선
발 행 인 권선복
편　　집 김영진
디 자 인 서보미
교정·교열 박효정
전 자 책 천훈민
발 행 처 도서출판 행복에너지
출판등록 제315-2011-000035호
주　　소 (07679) 서울특별시 강서구 화곡로 232
전　　화 0505-613-6133
팩　　스 0303-0799-1560
홈페이지 www.happybook.or.kr
이 메 일 ksbdata@daum.net

값 25,000원
ISBN 979-11-5602-585-6　(13320)

도서출판 행복에너지는 독자 여러분의 아이디어와 원고 투고를 기다립니다. 책으로 만들기를 원하는 콘텐츠가 있으신 분은 이메일이나 홈페이지를 통해 간단한 기획서와 기획의도, 연락처 등을 보내주십시오. 행복에너지의 문은 언제나 활짝 열려 있습니다.

한국 부동산 미래예측
JNP 토지개발정책 연구소

땅가진 거지 부자 만들기 Ⅱ

전재천, 박현선 지음

땅 가진 거지 부자 만들기 Ⅱ

독자 여러분, 2017년에 이어 2018년 초에『땅 가진 거지 부자 만들기Ⅱ』를 출간하게 되어 매우 기쁜 마음으로 원고를 보완할 수 있었습니다.

『땅 가진 거지 부자 만들기Ⅱ』에서는 1부 '땅과 주택 그리고 재테크'에 22항목을 추가하였습니다.

2018년부터 향후 5년간 부동산 시장의 변화와 흐름을 예측하고, 실제 개발 사례의 상담 속에 나타난 내용들을 독자분들께 도움이 될 만한 부분으로 추려 새롭게 보완하였습니다.

미래는 인공지능^{AI}시대, 4차원 산업 시대 사물인터넷을 골자로 물질에 인간이 기록한 수많은 정보를 저장하고 연동시켜 전 세계적 망을 이루는 기술 혁명입니다.

생활의 상당한 변화가 일어나고 있습니다. 그러나 인류 사회의 기본은 의·식·주입니다. 한국은 좁은 국토 위에 5,000만 명이 넘는 인구가 살고 있습니다. 지역에 따라 토지 개발은 계속될 것입니다.

오늘날은 글로벌 시대입니다. 우리나라 국민들도 외국 부동산에 투자를 하고 있습니다만 작금은 유럽, 미국, 일본, 중국 그 외 아시아 지역의 국민들이 한국 토지에 많은 관심으로 투자를 하고 있습니다.

『땅 가진 거지 부자 만들기 Ⅱ』는 외국의 글로벌 투자자들에게도 한국 토지시장을 간접 경험할 수 있는 좋은 지침서가 될 것입니다. 책 내용 곳곳에는 황금 토지를 만드는 비법이 숨어 있습니다.

이번에 개정판을 출간하면서 JNP 토지개발정책연구소 박현선 이사와 공동 저자로 집필하게 되었습니다. 박현선 저자는 토지에 대하여 이론적으로 꾸준히 공부를 해 왔고 전재천 작가와 토지 개발 현장에서 함께 일한 경험을 토대로 집필에 참여하게 됨을 영광스럽게 생각합니다.

세상이 힘들어질수록 사람들은 꿈을 잃어 가는데 이 책을 통해 열정의 마음으로 꿈을 향해 도전하는 많은 독자분들께 길잡이가 되고 힘이 샘솟게 하는 오아시스 같은 책이 되었으면 합니다.

한 번 보고 마는 책이 아니라 소장하고 싶은 『땅 가진 거지 부자 만들기Ⅱ』가 되었으면 하는 바람입니다.

끝으로 출간하기까지 많은 도움을 주신 고용노동부지정 주거복지사 원격훈련기관 (주)이테시스 안현자 대표님과 도서출판 행복에너지 권선복 대표님, 김영진 편집자님께 진심 어린 감사를 전합니다.

2018 . 1월

全在天, 朴泫宣

차례

관광산업과 토지개발

제1부

땅과 주택 그리고 재테크

토지 매입과 개발의 기본 방향 제시

토지의 투자와 개발에는 다음과 같이 몇 가지 정확한 분석이 필요하다.

첫째, 시장을 분석하는 것인데 목표 토지를 매입할 경우 시장에 따라서 무엇을 건축하여야 분양될 것인지 판단하려면 수요 측, 즉 단독주택 또는 가격이 낮은 빌라, 공장, 물류창고 등 그 지역이 필요로 하는 수요측면을 먼저 검토하고 토지를 매입하는 것이다.

둘째, 토지매입 또한 허가유무와 그 지역이 필요로 하는 지목변경개발행위허가이 가능한지 여부, 가령 물류창고 수요 측이 있는 곳이라면 화물차가 통행할 수 있는 최소 도로 폭이 6m 이상 요구되며 화물차가 진입할 때 닿는 면적이 4m 이상이어야 한다.

단독주택전원주택의 경우 도로 폭이 4m 이상이면 지자체 조례가 따로 정한 바가 없다면 허가 가능하나 공장, 물류창고 등은 도로 폭이 6m 이상이다.

셋째, 주택APT 가격이 비교적 일정하게 거래되는 반면 토지 경우는 낙폭이 워낙 커서 권리분석이 매우 어렵다. 공시지가보다 낮게 거래되는 경우도 상당수 있는 반면 반대로 공시지가에서 5~10배 이상 형성된 경우도 있기 때문에 권리분석을 잘못하면 평생 땅을 치고 후회하는 불운이 되기도 한다.

땅을 잘못 매입했으니 땅을 치고 후회할 수밖에 없지 않겠는가! 내버려 두면 몸이 망가지는 것과 같은 것이다.

땅 보는 법을 배워야 하고 시장분석 방법을 알고 최소한의 법적 권리분석을 할 수 있을 때 땅에 투자하는 것이다.

주택시장의 변화와 시장 흐름

지난 2015~2017년 주택시장은 상당한 호황을 누린 것이 사실이다. 필자는 2012~2013년 칼럼을 통하여 주택시장 활성화 방안을 제안했었다.

꽝! 꽝! 얼어붙었던 토지, 주택시장을 살리지 못하면 중산층이 무너지면서 국가가 공황상태에 빠질 수 있음을 지적했다.

잃어버린 일본의 20년처럼 장기불황 사태가 올 수 있음을 경고했었고 IMF 사태가 다시 올 수 있음도 지적하며 강력한 부양책이 시급함을 정부에 요청한 바 있다.

저금리시대 대출 확대와 전세입자들이 주택 구입을 하도록 정책 전환이 필요함을 제안하기도 하였다. 경제가 그리 좋은 상황이 아님에도 주택 구입 쪽으로 방향이 흐르고 주택 경기는 살아날 수 있었다.

이 과정에서 다주택자들은 2017년 상반기까지 과감하게 처분하라는 조언을 했었다. 지금은 어떠한가. 새 정부가 출범하고 각종 대책이 발표되면서 다주택자들은 깊은 고민에 빠지고 있다.

양도세율은 2가구 주택자 10% 가산, 3가구 이상은 20% 가산 되었고 주택 가격이 실제 높아졌어도 대출이자 계산하고 나면 남는 게 있겠는가?

서울 강남 3구강남.서초.송파를 제외하고 경기도나 지방은 가격하락 조짐이 나타나고 있다. 현재 가격에서 15~20% 정도가 내려갈 경우 오히려 마이너스가 날 수도 있다.

과한 욕심으로 인하여 실제 집을 가져야 될 사람들이 피해를 보는 형국이니 지나친 욕심은 자신뿐 아니라 주변을 힘들게 만든다. 현재 공급과잉 지역이 속출하고 있고, 역전세난이 우려되면서 대출받아 어렵게 분양받은 실소유자들조차 실거래 가격이 떨어지면 피해는 매우 클 것이다.

공급 과정에 정책적으로 수요층을 예측할 수 있음에도 특정지역에 경쟁이라도 하듯 대량으로 건축을 하는 것은 기업이나 정부 지자체 모두 문제가 있다.

경기도 평택을 예로 든다면 용산미군기지 이전과 기업공장증설 등으로 수요층 예측이 가능하다.

수급불균형이 왜 반복되는지, 미래는 기업이나 정부의 정책 전환이 필요하다.

부동산 투자
10년 주기설 Ⅰ

부동산 전문가들 중 많은 분들이 부동산시장 주택, APT는 주기를 탄다고 한다. 필자 역시 어느 정도 동의한다. 지난 과거를 돌아보면 특정정권의 정부가 들어서면 투기를 조장하는 경우가 있다.

또 다른 정권의 정부는 투기방지를 한다고 새로운 법령을 제정하여 시장이 얼어붙는 형국이 여러 차례 반복되면서 수급불균형에 의하여 30~40% 내리는가 하면 폭등하는 등에 시장 변동성이 매우 불규칙한 것이 사실이다.

1970~1990년대까지 30년 동안은 국가 경제가 선진국 300년 역사와 맞먹는 국가발전 활황의 시대였다. 당연히 소득과 임금이 높아지면서 토지, 주택 가격이 오르는 것은 너무도 당연하다.

그런데 문제는 2000년 이후 지금까지 주택시장이 왜곡되어 있다고 보는 것이 필자의 견해이다. 1997년 국가부도IMF 구제금융 과정에서 건물을 비롯한 토지, 주택시장은 반 토막이 나고 말았다.

그 틈새를 이용한 론스타 등 많은 외국 금융사에서 강남에 알짜배기 건물 공기업을 마구 집어삼켰다가 2002년에 구제금융IMF이 조기 마감되어 토지, 주택, 건물의 본래 가격이 어느 정도 회복되자 되팔아서 엄청난 수익을 챙기고 뜨는 과정을 우리 국민들은 눈 뜨고 바라봐야 했다.

당시 정부는 구제금융IMF 조기 탈출을 위해 금 모으기와 우수한 공기업 위주로 외국기업의 투자를 받았다. 그때 구조조정이 제대로 이루어졌다면 국익에 큰 도움이 되었을 것이란 아쉬움을 가져본다.

부동산 투자 10년 주기설 Ⅱ

지난 참여정부 시절 구제금융IMF이 끝나고 부동산시장이 달아 오를 여지가 없었음에도 전국적으로 투자를 넘어 투기의 장이 펼쳐진다.

원인은 다름 아닌 행정수도 이전과 공기업 절반인 180여 개를 전국 시, 도에 내려보낸다는 발표였다.

거기에 기름을 부은 것은 미국 금융사 10위 내에 있는 기업들이 국내로 들어온 것이다. 서브프라임 모기지론 신용이 낮아도 주택담보 대출로 매입가격의 90%까지 대출이 가능했었다.

실제 주택, APT 매입의 경우 1가구 1주택자는 3년 이상 거주하면 양도세가 없다는 점을 악용하여 3억 원 주택을 4억 원으로 계약서를 허위 작성하여 3억 6,000만 원을 대출받아 매매대금 3

땅 가진 거지 부자 만들기 Ⅱ

억 원을 지불한다.

취·등록세 중개수수료 1,000만 원 지급하여도 5,000만 원이 별도로 손에 쥐어지는 웃지 못할 일들이 일어나면서 투기가 만연하는 형국이 나타나고 참여정부는 투기방지 차원의 규제법을 수없이 발표한다.

투기지역 지정을 비롯한 토지거래허가구역 지정, 그러나 소 잃고 외양간 고친다는 속담이 있듯이 뒤늦은 처방에 시장 흐름은 왜곡되었고 2008년 8월, 모기지론 금융사들이 부도나면서 주택 시장은 패닉(공황) 상태에 빠지고 하우스푸어, 즉 집을 팔아도 대출 상환이 불가능하고 전세입자 내줄 돈도 부족한 가격 하락을 맞았다.

지역에 따라서 30~50%까지, 절반 가까이 하락하는 극한 현상들이 MB정부까지 지속되면서 시장은 힘들어지고 일부지역은 주택 부족현상이 나타나고 수급불균형이 계속되었다.

속담에 자라 보고 놀란 가슴 솥뚜껑 보고 놀란다고 투자 열기 속에서 높은 가격에 집을 산 사람들은 반 토막 나고 모두가 전·월세만 고집하자 시장을 살리기 위해 2013년, 지난 정부에서 대출 한도를 높이고 저금리 정책을 통해 매수 쪽으로 전환시켰다.

2015~2017년까지 3년간 평균가격으로 최고가 대비 85%까

지, 실제 바닥에서 보면 20~30%정도 상승하였으나 현 정부는 가계대출 위험성 때문에 강한 규제를 하므로 행정의 지나친 개입은 아닌지 우려된다.

그렇다면 앞으로 어떤 결과가 있겠는가. 정부 입장에서는 가계부채 때문에 대출 규제가 시급한 것은 사실이다. 그런데 너무 많은 규제들로 인하여 가격 하락이 급격하게 이루어진다면금리인상요인 거래 절벽과 함께 건설사들은 공급을 중단할 것이다.

결국 다음 정부에서는 또다시 공급을 위한 부양책이 반복되는, 악순환이 계속되는 현상이 나타날 것이다.

현 정부 5년은 규제를, 다음 정부 5년은 유지를, 10년 후 공급 부족 현상 속에서는 수급 쪽으로 부양책을 쓰는 것, 이것이 10년 주기설의 핵심이다.

부동산 투자방법의
새로운 형태_{P2P, NPL 등}

부동산 투자에 있어 소액을 투자할 수 있는 여러 형태의 투자처가 많이 있다. 앞서 토지 투자에 위험성이 있다면 최근에는 P2P, NPL 등 제3형태의 금융사들이 여러 형태로 운영되고 있다. 다수의 고객으로부터 일정부분 투자를 받아서 소규모 주택사업에 투자를 하여 수익을 배분하는 방식이다.

예를 들어 요즘 한창 뜨고 있는 수도권이나 특정지역 등에서 소규모 산업단지 조성사업 또는 소규모 빌라단지 건축 등에 대한 사업성 분석을 하여 일정 금액을 투자하고 기본 이자별도 외의 전체 수익에서 20%~30%, 경우에 따라 50%까지도 수익을 배분 받는 투자도 있다.

이런 투자의 경우 여러 형태 중 하나인데 토지소유자가 개발비용이 없어 시장성이 있음에도 토지를 묵히는 경우이다. 매매하려니까 양도세가 절반 가까이 지출되고 이럴 경우 토지 소유자와 투자회사가 지주 공동사업으로 개발하여 분양하는 형식이다.

토지 소유주 입장에선 높은 양도세를 절세할 수 있고 투자자들은 회사를 통한 소액다수투자자 투자를 통하여 높은 수익을 얻는 것이다. 토지는 개발 전과 개발 후 가격대가 최소 100% 이상, 많게는 300% 이상 차이 나기에 절세와 함께 고소득을 내는 것이다.

이런 투자를 하는 회사, 금융사들은 전문가 집단들이라 시장분석분양성이 명확하기 때문에 리스크가 거의 없다고 보면 된다.

P2P 금융은 돈이 필요한 사람이 온라인상에서 P2P 회사를 통해 대출을 신청하면 P2P 금융사들이 심사를 한 후 공개해 불특정 다수인이 돈을 빌려주고 이자를 받는 금융 서비스이다.

P2P 회사의 경우 회사 위험부도방지 차원에서 1인개인에게 일정 한도까지만 투자할 수 있게 되어 있으므로 해볼 만하다.

NPL부실채권의 경우는 보통 자금능력이 되는 특수법인SPC, 자산관리 회사AMC 등이 은행의 NPL을 매입한다. 매입 후 직접 운영하거나 소액 단위로 분할하여 개인투자자에게 판매하고 다수의 투자금으로 수익을 올리는 경우이다.

　소액을 투자하였어도 현장을 가서 보고 시장분석의 방법과 토지 수익을 판단하는 능력을 익히게 되므로 전문성 확보의 지름길이다.

　하루아침에 전문가가 될 수 없으나 전문가들과 자주 만나고 듣고, 보고 현장을 통하여 공사 과정과 공정 과정을 살피다 보면 마치 스펀지가 물을 빨아들이듯이 전문가로서 길을 찾게 되는 것이다.

　독자 여러분, 일단 부딪쳐 보기 바란다. 무모해서도 안 되겠지만 생각만 지나치게 많아도 기회를 놓치는 것이다. 옛 속담에 사람이 돈을 좇아 가면 돈은 달아난다고 한다. 그렇다면 돈이 몰릴 곳에 먼저 가서 기다리면 돈을 만나지 않을까!

2018년 뜨고 있는
부동산 지역은?

2018년 부동산시장을 큰 틀에서 전망해 보았다. 전반적으로 매우 불안정한 것이 사실이나 지역에 따라 편차가 심화되고 있다고 봐야 할 것이다.

APT 공급의 경우 지역에 따라 다르긴 하나 공급과잉 지역이 속출하고 있다. 또한 정부 정책이 워낙 강력한 의지 속에서 시행되어 다주택자 양도세를 높이는 등 지금까지 볼 수 없었던 강도 높은 규제가 계속될 것이다. 금융사 대출 금리가 가파르게 오르고 있는 것도 문제될 것이다.

현실적으로 물가나 소득에 비례하여 지나치게 주택 가격이 왜곡되었다고 봐야 한다. 서울강남 3구강남. 서초. 송파 등은 수요층에 비례하여 공급이 부족한데 가격 폭이 높은 것도 사실이긴 하나 특권주의와 8학군으로 불거진 교육환경을 왜곡 원인으로 들 수

땅 가진 거지 부자 만들기 Ⅱ

있다. 서울시 조례에 따라 35층 이하로 제한하므로 수요층에 미치지 못하고 있는 점도 들 수 있다.

경기도 지방 중에 2015~2017년 대세는 평택시와 화성시를 들 수 있다. 평택은 용산미군기지 이전으로 가족까지 40,000여 명이 이주하였고 재벌기업에서 16조 원 규모의 자국이 투입되었다.

전철SRT 접근성 등의 집중 투자로 인프라 투자가 증가하고 인구밀도가 높아지다 보니 화성시, 안성시 등 인접지역까지 여파가 나타나고 있다.

그러나 분별없이 무조건 투자는 금물이다. 미래 중앙정부 차원에서 살펴본다면 강원도시대가 열린다고 봐야 한다.

그중에서도 중간 거점인 원주와 춘천 지역을 들 수 있다. 서울, 수도권 남부, 동·북부에서 60㎞~100㎞의 접근성이 좋아졌고 무엇보다 전철 개통을 들 수 있다.

춘천은 이미 서울 용산, 청량리에서 1시간 내로 갈 수 있게 개통되었고 2017년 12월 22일 고속철이 인천공항, 용산, 청량리에서 강릉까지 75분, 원주까지 47분 정도면 갈 수 있게 개통되었다. 2022~2024년쯤에는 서울 용산에서 춘천 45분, 속초 72분대로 접근성이 좋아진다.

반면 강원도 지역의 토지가격은 전국 평균의 60%대에 머물고 있어 상승 가치가 매우 높다 할 것이다. 필자는 원주, 춘천을 주목하라고 권장하고 싶다. 저자 또한 춘천에다 수익형 타운하우스를 건축 중에 있다.

2018년 1월 발표된 춘천시 동면 일대 소양강 댐의 수열에너지 심층냉수를 이용한 강원도 수열에너지 융복합 클러스터 조성사업단지는 995천㎡약30만 평 규모로 2018년 착공에 들어가 2022년 완공되며 아시아 최대의 빅 데이터 센터다.

유치예상기업 67개 사, 신규일자리 창출 5,517명, 생산유발효과 약 4조 원, 지방세 세수 증가 연간 220억 원으로 예상하고 있다.
강원도 역사에 새로운 4차 산업의 메카로서 자리매김하는 꿈의 도시가 탄생한다.

인구가 늘어나도 그 지역에 어떤 분류들이 많이 상주해 있는지 분석할 필요가 있다. 소비층이 높고 낮은 소득 상황도 토지, 주택 가격의 상승요인이 되기도 하기 때문이다. 즉, 고급 인력이나 전문직 종사자들이 많은 지역은 소비가 높을 수밖에 없다.

개척하는 자가
황금토지를 만든다

독자 여러분! 새로운 도전을 꿈꾸어 보라고 권장하고 싶다. 이를 위해 필자의 집안 이야기를 통해 새로운 사업 모델이 탄생되는 과정을 열거해 보겠다.

필자의 아내는 춘천 태생이라 지금도 장인, 장모님이 춘천 시내에 거주하시고 춘천시 신북읍 발산리에 4,000여 평의 전·임야 등의 농장을 소일 삼아 가꾸고 계신다. 밤이 되면 춘천 시내가 훤히 내려다보이고 농장 옆으로는 계곡이 흐르고 계곡물을 활용한 꽤 큰 연못을 만들어 여러 종류의 민물 어류가 자라고 있다. 몇 년 전만 해도 십수 종의 조류새들을 키우고 계셨다.

어린아이들이 오면 마치 동물 농장에 온 듯했다. 장인께서 연세 70대가 되어서 농사를 지으려니 힘이 부친다며 전원주택 부지로 파시겠다고 부동산에 의뢰를 하여 서울 분들이 몇 차례 다녀가셨다고 한다. 이를 아신 장모님께서 매매를 반대하신다. 그 이유는 이렇다. 농장 가격 현 시세가 10억 원 정도라고 한다.

필자의 아내가 장녀이고 밑으로 처남 둘이 있다. 자식들에게 일부 나눠 주고 남은 돈으로 쓰다 보면 얼마나 가겠느냐, 장인께서 소일거리 삼아 친구도 찾아오고 자식들도 휴식공간으로 다녀가고 하니 세월이 지나서 유산으로 자녀들에게 남기는 것이 옳다는 생각이시다.

부동산 전문가인 필자^{사위}에게 판단을 부탁하시는데 장인께서는 매매를 원하고 장모님은 매매를 못하게 하시니 필자로서는 고민이 됐다. 그러던 중 좋은 아이디어를 생각하게 되었다. 영업할 수 있는 농장으로 임대를 주는 것이다. 그러자 드는 고민이 '품목은 무엇이 좋겠는가?'였다.

이와 관련, 특화된 지네 먹인 닭백숙을 생각해냈다. 주방시설을 잘 갖추어 놓고 자연 상태의 조립식 주택 3~4평에서 5~10평 정도, 10여 채를 공간을 잘 활용해서 시설을 한다면 현 지역을 비롯해서 서울, 경기에서도 많은 사람들이 찾아올 것이다. 田1,000여 평에 야채 작물을 직접 가꾸면서 토임 3,000여 평에서 닭을 야생으로^{방목} 수천 마리까지 기를 수 있다고 판단을 받았다.

지네는 전량을 중국으로부터 수입하여 한방에서 쓰고 있는데 국내에서도 농업진흥청 곤충연구실 황재삼 박사를 통해 사육이 가능함을 확인했다.

시범사업으로 몇 군데서 하고 있음을 필자는 확인했고 황 박사가 고향 후배임에 자세한 이야기를 들을 수 있었다. 연구실에 직접 방문하여 사육방법 등도 알게 되었다.

지네는 한방에서 허리, 관절에 좋다 하는 것은 다들 아는 상식이다. 필자 고향인 경북 예천에서 유년기를 보낼 때 집에 할머니께서 여름 복날 닭을 삶을 때 한약재와 건조한 지네를 대여섯 마리 같이 넣어 삶은 것을 기억한다. 왜 지네를 넣느냐 여쭤 보았더니 어르신들 허리 아프고 무릎이 아플 때 좋은 약이라고 하셨고 최근 한방 의사를 찾아가서 지네 먹인 닭을 영업으로 하려고 하는데 과연 효과가 어느 정도인지를 확인하였다.

사실 지네 먹인 닭이 고령자뿐만 아니라 성장하는 아이들에게도 매우 좋다는 것이다. 그래서 장인께 말씀을 드렸다. "장인께서는 농토 300여 평만 농장으로 사용하시고 특화된 지네 먹인 닭백숙 식당으로 임대를 놓으시는 게 어떻겠습니까?" 흔쾌히 좋다는 말씀을 받았다.

1년간 월 100만 원씩만 임료를 받으시고 1년 과정의 영업 전망에 따라 보증금과 월 임료를 결정하시라고 말씀드렸고 필자는 지인 중에 영업의 달인과 현지 견학을 두 번 다녀왔다.

그 달인께서는 필자보다 한발 앞서^{지네 먹인 닭백숙} 영업에다 효소
생산을 추가하신다고 한다. 지역이 청정지역에다 하천물이 1급수
이고 지하수가 풍부한 정남향으로 겨울에는 햇살이 비치면 따스
한 환경을 가지고 있다. 서울~춘천 간 고속도로 개통으로 서울
강일 IC에서 62㎞ 거리다. 필자가 살고 있는 분당에서 1시간 10
분 내로 농장에 도달한다.

농장 주변에 소양강 댐이 인접하고 춘천면허시험장과 춘천월
드온천, 24시 불한증막이 농장 입구에 위치하고 있다. 농장 바로
앞에는 춘천 외곽순환로 개통이 되어 광고 효과도 뛰어날 것으로
판단된다.

이제 정리를 좀 해 보겠다. 위 농장의 경우 장인께서 소유하는
과정은 단순 농장에 불과했다. 하지만 앞으로 상업시설이 들어서
고 효소사업의 발로가 된다. 사업자 입장에는 좋은 장소를 싸게
공급받아 영업을 할 수 있을 것이고 토지주^{장인} 입장에선 영업 실
적에 따라 토지가격 상승폭이 매우 높아질 것이다.

같은 토지라도 누가 어떻게 생각하고 개발하는가에 따라 황금
으로 변모하는 것이다.

새로운 수익형
렌탈하우스

맥국터 수익형 펜션 타운하우스

개척하는 자가 황금 토지를 만든다. 전편의 林, 田 토지를 가지고 개척개발을 하고 있다.

장소는 강원도 춘천시 신북읍 발산리 산 723번지 외 12필지, 약 4,000평에 1차 맥국터 수익형 타운하우스 14세대, 2차 맥국터 펜션 12세대, 총 26세대가 현재 토목공사 완료되고 모델하우스 건축 중에 있다.

1차 14세대를 수익형 타운하우스라고 명명한 것은 본인 주택 소유주가 1층에 거주하면서 2층을 렌탈하는 방식을 쓰고 있기 때문이다. 혹은 세컨드하우스로 활용, 1~2층 모두 렌탈할 수도 있다.

1차분 14가구 중 1가구는 장인, 장모님께서 거주하실 전원주택이고 현재 모델하우스 겸 1호 주택의 소유주는 곧 정년을 앞둔 경기도 광주시 삼리 초등학교 교장선생님이시다. 고향이 춘천이라 정년 후에 고향으로 돌아온다는 생각으로 1호 주택의 주인공이 되셨다.

1층 27평, 2층 10평으로 1~2층 합산 37평에 평당 건축비용 500만 원으로 총 1억 8,500만 원설계. 감리비 별도 700만 원, 조경 포함 등으로 약 2억 원 선이다.

토지 비용은 평당 55만 원으로150평 8,250만 원이며 총 2억 8,250만 원에 멋진 주택을 완성 중에 있다.

2차분 12가구는 완전 렌탈 전용으로 1~2층 각 15평씩 30평형을 외부계단과 내부계단을 연결하여 두 가족이 함께 내부계단을 이용해 소통할 수 있도록 했고 한 가족이 왔을 때는 외부계단을 이용하는 방식이다.

이곳을 소개하자면 기원전 고대국가 소국으로 형성되던 시대 맥국貊國의 수도 궁터가 있었던 곳으로 배산임수의 명당자리다.

맥貊의 뜻은 춘천의 주변 땅 이름과 비교해 보면 아침, 새, 샘과 관련된 것으로 사람 몸속에 뛰는 에너지인 힘의 맥박이라는 의미, 아침과 새벽의 의미가 있다.

산이 병풍처럼 둘러쳐져 있으며, 여름에는 계곡을 이용한 야외 수영장, 자연 샘을 이용한 연못, 수십 년 된 층층나무, 소나무, 사철나무 등이 있다. 가족, 친구들의 파티 장소가 별도로 500평 규모이며 배드민턴 코트, 족구장과 어린이 놀이터 등이 설치된다.

수익형 타운하우스 1차분, 14가구 토지면적은 평균 200평대이고 건축 면적은 다양하여 1층 22~26평, 2층 8~10평 선이다. 가격대는 대지, 건축 포함 2억 5,000만 원~2억 8,000만 원에 구입이 가능하다.

1층은 본인이 거주하고 2층을 렌탈할 수도 있고 1~2층 모두 렌탈할 수도 있다. 렌탈료는 1일 8평은 8만 원, 10평은 10만 원 선이다.

1층까지 렌탈한다면 전용 22평은 22만 원으로, 상당한 수익이 예상되므로 또 다른 수익형 모델이라 할 수 있다.

주택 렌탈 경우는 대학가, 산업단지 밀집 지역만을 떠올리지만 시대의 흐름을 읽는다면 전원 속의 새로운 수익형 렌탈하우스가 가능하며 희소성으로 인해 더욱 부가가치가 높을 것으로 예상된다.

주 5일 근무가 정착되면서 금, 토, 일 등엔 가족과 떠나는 것이 일상화된 요즘 자연과 이웃 간에 소통의 공간을 위한 모델이 될 것이다.

현장은 필자의 토지개발에 있어 허가, 토목공사, 건축의 노하우가 있는 장소다. 독자 여러분들의 방문을 언제나 환영한다.

생산녹지지역[畓] 대지 전환을 위한 절차

경기도 양평군 소재 토지 약 850평을 소유한 수원대학 신○○ 교수의 사례다. 신 교수는 장인 친구분을 통하여 2008년 지목이 답[畓]인 위 소재 토지를 매입하였다.

토지이용계획확인서 분석 결과, 생산녹지지역에 농업진흥구역으로 도로는 2차선에 딱 붙은 토지이고 도로 접도구역의 완충녹지로 표기되어 개발이 불가한 토지였다. 토지매입 과정에 서류 분석이 되었다면 매입해서는 안 되는 토지인 것이다.

문제점을 알아보겠다. 녹지지역은 크게 3가지로 분리된다. 보전녹지, 생산녹지, 자연녹지이며 자연녹지지역인 경우 도로만 확보되면 최소 4m 이상 개발행위허가 취득이 가능하다.

생산녹지지역의 경우는 다른 장에서 설명되었듯이 지목의 목적이 농업관련 생산을 위하여 지정된 것이기 때문에 정상적인 도로가 확보되었더라도 농업인을 위한 1필지당 농가주택 1채만 허용된다.

위 토지는 생산녹지지역의 농업진흥구역으로 오직 농업관련 생산만 가능하다. 농업관련 창고 허가는 가능할 수 있으나 도로에 문제가 있었다.

접도구역에 완충녹지지역으로 위해방지나 소음벽 설치 등이 예고되어 있어 도로에서 출입을 금지하고 있는 토지인 것이다.

토지주인 신 교수는 토지를 매입할 당시 토지에 대한 지식이 전무하여 현황만을 보고 매입하게 된 것이다. 토지에 2차선 도로가 붙어 있고 토지 옆엔 강이 흐르고, 가장 많이 속고 매입하는 토지가 바로 이런 토지라고 보면 된다.

상담 결과 버섯재배사만이 허용됨을 알려 주었고 50평 이상이면 허가 취득을 해야 하므로 49평씩 양쪽에 2개 동을 건축 후 5년이 지나면 지목 변경이 가능하다는 것을 전해준 사례이다.

양쪽에 2개 동 버섯재배 하우스를 건축할 경우 토지 분할이 가능하므로 850평을 425평씩 나눌 경우 금액이 반으로 줄어 매매가 쉽다는 점도 참고하기 바란다.

농업진흥구역 토지의 개발행위허가 취득방법

경기도 화성시 팔탄면 일원 미래토지정책포럼 1대 회장님이신 장○○님 사례다. 관광단지 개발지에 인접한 토지라서 관광단지가 개발되면 인근 토지 가격이 올라갈 것으로 판단하여 농업진흥구역임에도 매입한 사례다.

도로확장 계획이 있어서 도로 접도구역으로토지이용계획확인서 표기되어 있다. 화성시가 급진적으로 발전하다 보니 개발행위허가 조건이 많이 까다로워지고 있는 과정이다.

위 토지의 경우 농업진흥구역이니 농업인이라면 농가주택 허가를 요청해 볼 수 있지만 주거지가 안산시로 20여 년 이상 살고 있다.

농업관련 창고 허가도 불가하였다. 토지주 입장은 건축물이 완성되어야 농지든 산지든 지목을 대지로 변경하고 토지 가격도 최소 200~300% 이상 높아지기 때문이다.

도로확장을 위한 접도구역 표기는 전체 면적에서 도로확장 면적을 제외하고 개발행위허가를 취득하면 된다. 상기 토지의 경우 도로확장을 위한 접도구역이므로 개발면적을 낮추면 되는 것이다.

그런데 신축할 수 있는 건축물의 용도를 찾기가 어려웠으나 농업진흥구역이라 농기계수리점센터이 허용됨을 찾아서 토지 170평, 단층건축물 35평의 개발행위허가를 받았다.

건축물 준공이 나면 답이란 지목에서 대지로 전환되는 것이다. 허가취득 후 건축물 공사 기한은 최초 2년에서 1회에 한하여 6개월 연장 가능하다.

2017년 8월 개발행위허가를 취득하였고 2018년 상반기 중에 건축을 예정하고 있다.

독자분들께서는 여러 사례를 통하여 간접적이긴 하나 토지를 매입할 때나 토지를 가지고 있을 때 지목 변경의 사례로 참고한다면 유용할 것이다.

계획관리지역의
토지 수익창출 방법 제시

이번에는 수강생 중 경기도 화성시 양감면 일원 김○○님의 사례다. 김○○님은 MBC귀농아카데미의 필자 아내 동기로, 강의에 참여하여 현장학습을 함께하면서 토지에 대한 지식을 익혀가고 있을 때 적은 금액으로 투자할 데를 찾아 달라고 하였다.

그러나 필자는 1년 정도 수강하고 나서 투자를 하라고 권고하였다. 그 과정에 아내를 통해서도 투자 의사를 보내오고 있었고 2017년 4월 화성시에서 도정공장을 하는 친구로부터 양감면 요당리에 작은 토지가 나왔다며 분석해 보라는 연락을 받았다.

하천정비구역으로 하천정비 시 30평 정도가 하천으로 수용되는 토지였다.

계획관리지역으로 건폐율 40%, 단독주택 허가로 건축 32평 단층 허가가 취득된 상황이었다.

필자가 현황 파악 과정에서 본 건 토지와 연결된 국·공유지 약 300평 정도가 붙어 있어 하천정비 후 국·공유지는 구거溝渠가 되므로, 본건의 토지 30평의 수용과 동시에 불하拂下를 받을 수 있는 조건이 성립된다는 것이었다.

국·공유지 불하는 국가에서 공시하는 지가대로 매입할 수 있어 시가보다 아주 낮은 가격에 매입이 가능하다. 김○○ 님에게 매입을 권유하면서 필자 회사와 공동으로 매입하자고 제안했고 공동매입의향서 작성 후 김○○님 앞으로 소유권 이전을 해 놓고 있다.

필자는 단독주택 허가를 변경하여 8평 원룸 4개 32평으로 허가 변경한 상태이고 2018년 하반기 신축하여 1룸당 500/45만 원 임대를 놓고 하천정비가 될 때까지 기다릴 예정이다. 국·공유지 불하매입 후에는 빌라 4개 동을 신축할 예정이다.

독자 여러분, 각자 생각해 보시라. 수익구도가 어떻게 변할지? 상상 이상의 수익이 발생할 것이다. 이러한 수익은 투기가 아니다. 토지 투자는 아는 만큼 수익이 창출되는 것이다.

보전녹지지역 등 개발행위허가 사례

카톨릭 관동대학교 강의록

카톨릭 관동대학교 경영행정대학원 부동산학 특별강의 내용을 전하려 한다.

대학은 강릉에 위치하고 인구는 21만 명이 조금 넘는 도시이나 교육열이 높고 역사적으로 보면 오죽헌의 신사임당, 조선 중기 최초 여성시인문인 허난설헌, 조선 최초 한글소설인 홍길동전의 저자 허균 선생을 비롯하여 율곡 이이 선생도 유년시절을 이곳에서 성장하였다. 그 외 김시습 선생 등 수많은 대학자들의 고장으로 역사가 매우 깊은 도시이고 깨끗함을 느낄 수 있었다.

부동산학 특강에는 수강생 1·2기를 포함하여 30여 명 정도가 참여하였다. 수강생들은 현직세무사, 토목기사, 토지개발 인·허가 대행업체 대표를 비롯하여 대부분 토지소유자들이라 할 수 있다.

필자가 쓴 『땅 가진 거지 부자 만들기』 작가 초빙 강연이다 보니 제목에 이끌려서 온 땅 가진 수강생들 입장에서는 궁금한 것이 많았을 것이다.

이제 본론으로 들어가서 춘천시 신북읍 발산리 산 723번지 일대 총 4,000평, 1차 개발 2,500평 중 1,470평 건축 7동을 허가받은 문서가 1부 강의 자료였다.

강의 요점은 지목이 임야로 보전녹지지역, 공익용 산지였다. 소위 부동산 전문가라는 분들이 허가 불가라고 하였다.

이 토지는 35년 전 1983년도에 매입하여 3,000여 평은 밤나무 숲이었고, 1,000평은 밭으로 사용 중에 있었다. 토지 소유주는 금융기관에 근무하신 분이라 일반인들보다 토지에 대한 지식이 있는 분이었고 지인 중에 부동산 관련한 분들이 많았는데 좀 안다는 분들이 전부 토지개발이 불가하다고 하였다.

하물며 매주 토요일 오후 4시~6시에 필자 연구소에서 토지개발 강의를 받고 있는 수강생들 중 11명이 2017년 8월에 춘천에 와서 현재 건축 중인 '맥국터 펜션 타운하우스' 개발행위허가 진행 과정에 허가를 어떻게 취득하는지 견학하고 돌아가는 중에 필자의 수강생들 일부조차도 허가가 불가하다고 말했다.

하지만 〈국토의계획및이용에관한법률〉 제55조 1항-제58조 1항에 의하면 개발 면적 산정에 따라서 보전녹지지역, 공익용 산지의 경우 1필지에 한하여 최대 5,000㎡까지 개발행위허가 취득이 가능하다.

면적이 5,000㎡를 넘을 경우 1차 개발행위허가 완료 후 도로가 지목상^{법률} 지적공부에 삽입되고 나면 추가 개발행위를 할 수 있다.

이렇게 토지개발은 때로 여러 법령에 의하여 허가되므로 전문가들조차 늘 공부하고 있다. 필자는 현재 토목공사 완료 후 건축공사 진행 중에 있다.

무의도^섬 임야를 리조트개발로 황금토지 만들기

인천광역시 중구 무의동 소재 42,000평 임야林로 비교적 큰 토지다. 위 토지의 대표자격인 모 대학 유○○ 교수님을 상담하게 된 사례이다. 토지의 위치는 무의도섬 끝자락 다가서 小무의도 가기 직전 한 면이 바다를 끼고 있는 토지로서 대형리조트 자리로 적합한 토지다.

현재 토지소유주는 14명으로 작은아버지를 비롯한 형제, 사촌형제, 조카 등의 가족들이 할아버지, 아버지 등으로부터 상속받은 토지로 양도가액을 계산 때 상속 당시의 공시지가로 산정하기 때문에 현재 가격이 평당 약 45~50만 원 선으로 200억 원 정도가 된다.

토지인접 지역에 8년 이상 살고 있었다면 양도가액이 35% 정도 측정되나 외지에 살고 있다면 부재지주로서 48%에 지역주민세 10% 포함, 50%가 넘는 양도세율을 국가에 지급해야 한다.

 가족들 모두가 고민에 빠져 있다고 한다. 상담은 다음과 같다. 하나는 직접 개발하는 것과 다른 하나는 조합결성 후 시행사와 지주 공동사업으로 개발하는 것이다. 그렇게 하면 양도세금은 없다.

 개발과정에 각종 세금이 부과되므로 특수목적법인으로 개발이 끝나면 법인은 해산하게 되고 세금을 최소화하는 방법이다.

 전략적으로 입구 일부 10,000평 정도를 펜션 타운하우스로 개발하여 분양하고 32,000평은 리조트로 기획하여 중국, 일본 등에 기업 유치를 한다는 방침을 세워 주었다.

 유 교수님이 필자를 처음 만난 때가 2017년 10월 중순이었다. 그때 필자는 "그 자리는 펜션이나 리조트로 개발하면 무조건 분양이 됩니다."라고 했다. 외국에서 관광객들이 서울에 올 때의 거점지역으로 서해안 바다치고는 물이 비교적 맑고 실미도 섬과 연결되어 있다.

 영화 〈실미도〉, 드라마 〈천국의 계단〉 촬영지로 일반인들에게 많이 알려져 있을 뿐 아니라 접근성이 좋다. 인천공항에서 15㎞이고, 영종도 앞 잠진도에서 무의도까지 1.4㎞ 교량이 2018년 개통될 예정이다.

　　　　　　　　　　　　　　　　　　땅 가진 거지 부자 만들기 Ⅱ

인천시민이 가장 선호하는 관광지이므로 앞으로 국제적인 관광지로 발전할 것이라고 상담해 주었고 조합법인 설립 후 필자 회사가 하던 다른 회사를 시행사로 연결해 주겠다고 한 사례이다.

이후 2017년 12월 무의도·실미도 복합리조트 개발을 위해 필리핀 재계 서열 3위의 블룸베리가 100% 출자로 세운 쏠레어코리아 한국법인을 통해 리조트, 특급호텔, 카지노, 스카이타워 등을 33만 2천 평방미터에 세운다는 1조 7,000억 원의 계약이 매스컴에 발표^{방영}되었다.

필자와 상담 후 불과 2개월여 만에 무의도. 실미도 초대형 개발 호재가 발표된 것이다. 현재 이 무의도 토지는 사업계획master plan 중에 있다.

독자들은 위 상담 사례 속에서 새로운 방법들을 발견하기 바란다.

초보 부동산 투자자가 기본적으로 알아야 할 것들

부동산 투자에 있어 초보자라 함은 처음 투자하는 사람들을 말한다. 막막할 수 있겠지만 주택이나 APT의 경우는 가격 형성이 어느 정도 일정한 편이다.

수익이 높다는 토지의 경우 상당부분 지식이 요구된다. 기본적으로 토지에 대한 법령. 문서부터 판단할 수 있어야 한다. 특정 토지를 판단할 경우 첫째가 등기부등본, 대장, 도면, 토지이용계획확인서이다.

등기부등본은 권리관계 문서로서 중개사에서 분석이 가능하다. 대장과 도면 등도 쉽게 분석할 수 있다. 그러나 토지 분석에 가장 중요한 문서는 토지이용계획확인서다.

순서에 따라 맨 위부터 주소, 공시지가, 면적, 구역, 지역, 지구

등 지목과 하단 우측에 색상으로 표기 토지의 도로 등, 여러 내용
들이 기록되어 있다.

위 문서 하나만 가지고도 토지의 80~90%까지 가치를 알 수
있다. 하지만 공적 업무자조차 문서 파악을 제대로 하지 못하여 토
지매입 후 개발행위허가가 불가함을 겪는 경우가 자주 발생한다.

예로 도로를 접했더라도 최소 4m 이상인지 여부를 확인해야
하고 또는 도로가 접했어도 도로 접도구역으로 표기되었다면 어
떤 연유인지 사전 확인이 필요하다.

도로확장 계획이 있다면 확장부분을 제외하고 허가하는 경우가
있으며 또 다른 완충녹지로 표기되었다면 추후 방음벽 설치 등
허가 자체가 불가한 경우가 있다.

다음은 '토지의 공시지가와 기준시가는 무엇이 다른가?'이다.

토지이용계획확인서의 공시지가는 중앙정부, 즉 국가에서 그
토지의 세금을 징수하기 위한 공시이며 기준시가는 지방자치단체
에서 지방세를 부과하는 기준인 것이다.

토지의 경우 실거래가격은 지역에 따라 편차가 워낙 커서 일반
인들은 이해가 잘 되지 않는다고들 한다.

개발이 예정되었거나 그 지역이 발전성이 있고 인구밀도가 늘어나고 있다면 분명 토지가격은 오른다고 보는 것이 정답일 것이다. 그러나 토지는 현황을 판단하는 것도 중요하지만 문서를 판단하는 것이 보다 더 중요함을 알아야 한다.

초보인 부동산 투자자가 성공하려면 기본적으로 토지이용계획확인서를 분석할 수 있을 때 현장으로 뛰어들어야 한다.

건축물과 토지 용도지역의 투자가치 알아보기

건축물의 용도는 29개나 된다. 야영장시설 2016. 3. 22. 시행으로 추가, 보전녹지, 보전관리지역 내 가능

공인중개사 자격시험을 치르는 것이 아니라면 모두 알 필요는 없겠으나, 독자분들이 기본적인 용도는 알고 있어야 투자할 경우 도움이 될 것이다.

[건축물의 분류]

① 단독주택 ② 공동주택이라 하여 1개 동의 공유 세대를 뜻한다. 층수가 5층 이상은 APT로 분류한다.

층수가 4층 이하, 바닥 면적이 660㎡ 종전200평 이상을 가리켜 연립 주택으로 분류하고 있다. 1~4호 또는 1~6호까지 세대 수가 많다.

최근엔 빌라주택 건축을 많이 한다. 연립과 다른 점은 층수는 4

층 이하로 같으나 건축 바닥 면적이 660㎡ 종전200평 이하면 연립
과 구분하여 빌라로 지칭한다. 빌라는 1~2호로 각층이 2개 세대다.

다른 하나가 다가구 주택으로 3층 이하로 층수가 제한되며 개
별세대 분리가 안 된다. 1개 동을 여러 세대로 임대할 목적의 주
택으로 보면 되고 기숙사로 분리된 것도 3층 이하로 제한된다.

그 외 근린생활시설근생 의 경우 1종, 2종으로 분리하고 있다.
근린생활시설은 주민 편의를 위한 생활용품 판매시설을 말한다. 슈
퍼마켓, 미용실, 학원 등이 있으며 그 외 업무, 숙박, 공장, 창고 등
으로 세분화하고 있다. 그러나 일반적으로 많이 접하지 않고 있어
외울 필요는 없다.

다음은 토지 투자에 있어 8개의 용도지역을 알아보겠다. 녹지
지역은 보전녹지지역, 생산녹지지역, 자연녹지지역 크게 3가지로
분리된다.

그 다음에 관리지역을 세분화하여 보전관리지역, 생산관리지
역, 계획관리지역으로 분리되며 농림지역, 자연환경보전지역을
합해서 8개 지역으로 분리된다.

크게 분리된 3개 지역의 의미를 살펴보면 다음과 같다.
보전녹지지역은 도시의 자연환경과 경관, 산림 및 녹지공간을

　　　　　　　　　　　　　　　　　　땅 가진 거지 부자 만들기 II

보전할 필요가 있다는 뜻이다. 생산녹지지역은 농업 생산을 위하여 개발을 유보할 필요가 있다는 뜻이다. 자연녹지지역은 도시의 녹지공간 확보와 도시 확산의 방지, 장래 도시용지의 공급을 위하여 보전할 필요가 있다는 뜻이다.

토지 투자에 있어 위 3항목 외의 보전관리지역, 생산관리지역, 농림지역, 자연환경보전지역은 개발이 거의 불가하다. 개발이 원활한 지역은 계획관리지역과 자연녹지지역이다.

보전녹지지역도 개발은 가능하나 많은 제약이 따르므로 전문가의 자문이 필요하다. 계획관리지역만이 건폐율 40%, 그 외 지역은 20% 미만이다.

토지개발 시 사전에 확인해야 할 비용은?

토지의 지목이 변경되는 순간 토지가격은 기본이 200~300% 높아진다. 임야 농지의 경우 사용 용도가 한정되지만 지목^{형질}이 변경되는 순간 건축행위가 가능해지므로 토지의 가치평가는 옛것이 아니다.

토지는 개발행위허가 취득, 지목과 토목공사 후 토지의 형질^{형태}이 바뀌면서 건축을 할 수가 있게 되는 것이다. 여기에 개발이익에 따른 개발부담금을 지급하게 되는 것이다.

개발부담금의 제도와 취지는 개발이익 환수에 의한 법률에 근거하여 토지로부터 발생되는 개발이익을 일정부분 환수하여 이를 적정하게 배분함으로써 토지에 대한 투기를 방지하고 토지 사용의 효율을 이끄는 제도다.

징수된 개발부담금의 50%는 국가에 귀속되고 50%는 개발이익이 발생한 지방자치단체에 귀속되는 제도이다. 개발부담금 부과 대상 사업은 국가 또는 지방자치단체로부터 허가나 인가를 받아야 하고 다음에 해당하는 사업을 말한다.

해당하는 사업의 종류는 택지개발사업주택단지조성사업 포함, 산업단지개발사업, 관광단지조성사업, 도시환경정비사업공장건설의 경우 제외한다. 물류시설용지조성사업, 온천개발사업, 여객자동차터미널사업, 골프장건설사업 건축법에 의하여 지목변경이 수반되는 사업용도변경 포함, 개발행위에 의한 초지조성, 산지전용, 농지전용 허가에 의하여 지목변경이 수반되는 사업을 포괄하고 있다.

농지의 경우는 공시지가에 30%를 면적대비 개발부담금으로 지급해야 하는데 '농지대체조성기금'이라고도 한다. 임야의 경우 산지전용부담금은 면적대비 ㎡당 별도 부담해야 한다. 개발을 시작하기 전에 지자체 담당부서에 사전 확인하는 것이 개발 전체비용을 산정하는 데 기준이 될 것이다. 개발비용 중 토지비용은 별도로 한다.

건축비용의 경우 2018년 기준으로 APT 평균비용은 3.3㎡당 380~400만 원 선이다. 단독주택전원의 경우 천차만별이고 평균이 3.3㎡당 450~550만 원 선이 보편적인 건축비용이라고 보면 된다.

　참고로 토지개발의 경우 토지가격^{매입}은 별도로 하고 토목공사
^{형질} 비용은 지형에 따라 차이는 있으나 3.3㎡당 13~18만 원 선
이 보편적이다.

　토지가 평지일 경우 개발비용이 적게 들어가지만 토지의 표고
가 높다거나 경사도가 심할 경우 또는 토석이 수반될 경우 비용
산정이 달라지는 것이다.

토지개발에 있어 개발행위허가란?

토지개발에 있어 어느 것 하나 중요하지 않은 것은 없다. 그러나 그중에서도 좀 더 중요하게 강조되는 것이 있기에 중요 부분에 대한 상세 설명으로 이해도를 높이려 한다.

본론으로 들어가서 토지 이용에 있어 지목을 변경하는 것을 가리켜 개발행위허가를 받는다고 하는 것이다. 즉 현재의 토지가 예를 들어 자연녹지지역인 임야 또는 전, 답, 기타의 경우에 주택이나 공장, 창고 등을 건축하려면 개발행위허가를 취득해야 한다.

이 행위 과정을 가리켜 임야의 경우 산지전용 농지 경우_{전, 답, 과수원} 농지전용 후 주택이나 기타 건축물을 건축할 수 있기 때문이다.

다음은 개발행위허가 절차 과정의 이해를 돕고자 한다. 개발행위허가를 하려는 자는 그 개발행위에 따른 기반시설 설치에 필요한 용지확보, 위해방지, 환경오염방지, 경관, 조경 등에 관한 계획서를 첨부하여 신청서를 개발행위 허가권자에게 제출하여야 한다.

위에서 말한 5개 항목은 개발의 기초로 목적이 건축인 만큼 용지확보는 기본이고 위해방지는 사고방지를 의미하며 환경오염을 방지해야 하는 것은 물론 개발로 인하여 경관이 나빠지면 안 되기 때문이다. 그리고 마지막으로 조경을 어떻게 하겠다는 계획서를 허가권자에게 제출하는 것이다.

허가권자는 특별시장, 광역시장, 시장, 군수 등으로 위 계획서를 제출하고 나면 개발행위에 있어 특별한 사유가 없다면 법으로 정한 기한 15일 내에 허가 또는 불허가 처분을 한다. 예외적으로 보완이 요구되기도 한다.

위의 내용은 국토계획법에 의한 적용을 받는다.

다음 행위들은 도시계획법과 기타 시·군 조례 법령에 따라 적용된다.

지방자치단체는 국토계획법에 따라 적용받는다.

① 경사도 ② 임목본수도임목축적 ③ 표고 등을 기준으로 지방자치단체마다 기준을 조금씩 달리 적용하고 있다.

경사도란 평지가 아닌 언덕을 표현하는 것이다. 임목본수도는 현재 자라고 있는 나무를 의미하며 나무의 법적 기준은 높이 120㎝, 굵기는 직경 6㎝이다.

표고는 토지의 높이를 가리키는 것이다.

토지개발 시 주의사항

토지개발에 있어 가장 주의 깊게 판단해야 하는 부분이 도로가 접했는지 여부다. 아무리 반듯한 토지라도 진·출입로가 없다면 개발행위허가 취득이 불가하기 때문이다.

또한 개발 면적에 따라 도로의 넓이가 최소 4m 이상 확보돼야 한다. 기존 지목이 대지일 경우는 2m 이상이면 가능하다

일정 면적 이상일 경우는 지자체마다 조례 법령을 조금씩 달리하고 있기도 하여 사전 검토가 필요하다.

다음은 접도구역이란?토지이용계획확인서에서 검토 가능

토지에 도로 접도구역 표기가 되어 있다면 상세 내용은 관할 시·군청 도로과에 문의하여 보는 게 좋다. 도로확장 계획이나 소음방지를 위한 방음벽 설치, 기타 내용 등으로 개발이 불가하거나 일정부분 개발이 제한되는 경우가 있을 수 있다.

배수로 또한 지자체마다 조례 법령에 따라서 도시지역 내에 하수처리구역에서 제외되었다면 개발행위허가 취득이 불가하다. 비도시지역 경우는 자체 정화시설로 허가 취득이 가능하다.

개발행위허가는 개발 시작부터 도로, 접도구역, 배수로 등을 사전에 확인하는 것이 바람직하다.

중앙정부는 도시계획을 20년 단위 계획으로 세우고 있으며 지자체는 5년 단위로 계획과 정비, 보완 등을 하게 된다.

도시지역 內 토지개발을 위해서는 하수처리구역에 포함되어야 하므로 5년 단위 계획 속에 구역 內 포함 요청서를 지자체^{시·군청}에 제출하여 확보해야 한다.

주거복지와 도시재생 로드맵

현 정부에서 2022년까지 서민, 신혼부부, 청년들을 위한 주택 100만 호를 건설하여 주변에 시세보다 낮은 80%대 가격에 맞춤형으로 공급한다는 계획이 발표되었다.

지난 정부에서 행복주택이란 미명하에 20만 호 건설 계획을 세웠지만 실현되지 못했다. 필자는 오래전부터 산업체 근로자 복지주택을 공급할 것을 언론매체를 통하여 여러 차례 강조한 바 있다.

공기업LH에서 세대 변화에 따른 분리가구 1~2인 가구 등에 맞는 맞춤형 임대주택을 공급했었다면 오늘날 이런 문제가 일어났겠는가. 현실이 안타까울 뿐이다. 늦은 감은 있으나 정부 뜻대로 잘 진행되길 기대해 본다.

오늘날 청년들이 일자리와 주택문제로 인하여 결혼이 늦어지는

가 하면 아예 결혼을 포기한다는 기사를 보면 가슴이 답답하다. 필자 역시 일자리와 주택 문제를 걱정해야 하는 자식을 키우고 있다. 생산가능 인구감소 속에서 장기적으로 꼭 실현되어야 할 것은 주택 문제이다.

도시재생사업은 적절한 시기가 되었다고 판단된다. 대도시 특히 서울은 대한민국의 수도이자 중심의 도시로서 워낙 낙후지역이 많았기에 재개발 사업과 재건축을 통한 밝은 환경의 주택공급이 필연적이었다.

하지만 재개발 과정에서 보면 실제 거주하던 원주민들은 입주민 중 10%에도 못 미치는 현실이었다. 개발의 목적이 투자가 아닌 투기의 장이 되면 서민들은 또 다시 낙후지역으로 밀려나는 게 재개발, 재건축 사업의 현실임을 볼 때 이젠 도시재생사업을 지원하여 원주민이 그곳에 살 수 있게 하는 방안은 바람직하다 하겠다.

하지만 현 정부 신혼희망타운 100만 호 발표에서 서민과 젊은층은 직장과 접근성이 좋아야 하기 때문에 대도시 인접지역을 지정한 것은 좋으나 과연 수용되는 과정이 정부의 정책처럼 쉽게 이루어지겠는가 의문이 든다.

한 예로 성남시 금토동, 복정동 그 외 지역도 대부분 개발제한구역^{그린벨트} 지역을 수용한다는 계획인데, 금토동 경우 개발 발표가 나기 전만 해도 전·답이 3.3㎡당 70~100만 원 선이고 발표가 난 지 얼마 되지 않아 3.3㎡가 150~200만 원 선으로 가격이 형성되는 등 토지주들의 수용반대 집단행동 계획이 나타나고 있다.

수용 가격을 대폭 올리려는 의도도 있겠으나 마찰이 불가피할 것으로 판단된다. 토지주 입장에선 그동안 수십 년간 개발제한구역^{그린벨트}으로 묶여 있다가 정부에서 낮은 가격으로 강제수용 한다고 하니 분통이 터질 것이다. 실제 가까운 판교동의 경우 3.3㎡당 1,000만 원을 호가하고 있다.

수십 년간 여러 이유로 묶여서 피해를 보고 왔는데 이제 와서 강제 수용한다고 하니 입장은 어느 정도 이해가 되지 않겠는가. 만약 혼영방식으로 토지주가 원할 경우 일부 환지로 간다면 결국 토지가격이 높아진다.

토지주가 50% 이상 반대한다면 물리적으로 강제하기가 쉽지 않다. 개발제한구역^{그린벨트} 개발을 원천봉쇄해 놓고 있기 때문에 토지주 입장에선 막대한 피해를 입었다고 봐야 한다.

주변개발^{판교동} 2차 과정에 금토동, 복정동을 같이 수용했다가 이번과 같은 계획을 했어야 한다. 좋은 생각이긴 하지만 개발에 난항이 많을 것으로 판단된다.

산업체 근로자에게
복지주택을 공급하라!

필자는 2010년에 산업체 근로자 복지주택을 공급하라고 제안한 바 있다. 그 예로 개발제한구역그린벨트 포함, 각 지자체가 관리하고 있는 국·공유지, 즉 국가 땅을 활용하라는 제언이었다.

건설사도 대기업 1군이 아닌 그 지역 중소업체에다 개발을 맡기면 최소 마진낮은 수익에 토목, 건축비용 최소화가 가능하다. 광고비용은 시·군청 홈페이지 활용 가용공무원시간이 남는들을 상담원으로 활용한다.

그 지역 산업체 근로자 중 결혼을 앞두거나 어린 자녀가 있는 근로자를 우선하고 기존 분양가에서 최소 30%~40% 낮은 가격에 공급 가능하다고 설명한 바 있다.

토지가격은 국가 땅이니 공시지가로 공급하면 기존 토지일반 대비 50% 이상 저렴하고 대기업이 아닌 그 지역 중소기업 건설사들은 지출에서 20% 이상 절감할 수 있다. 토지비용은 국·공유지로 50%, 토목건축 비용은 20%, 분양비용 50%를 광고비용 50% 절감할 수 있다.

광고비, 상담원 등을 지자체에서 담당하므로 수익자는 위에 열거한 모든 것이 혜택으로 돌아간다는 것이다. 이렇게 되면 지자체에 10% 정도 수익 발생이 될 수도 있을 것이다.

실제 분석 현황

국·공유지 (토지비용)	50% 절감 가능
토목공사 건축비용	20% 절감 가능
분양, 광고비용	50% 절감 가능

토지투자 시 위험성 사례

부동산 투자를 한다고 하면 돈 많은 사람들만이 할 수 있다고 생각을 한다. 그 심리를 이용한 새로운 수법 텔레마케팅 Telemarketing, 즉 불특정 다수인들을 상대로 전화 상담을 하는 기획부동산은 지금도 시대 상황에 맞추어 영업을 하고 있다.

1999년 시작된 사기 영업은 10여 년 넘게 개발예정지역 인근 토지 임야를 대량 매입하여 바둑판 모양으로 도면만 분할하여 작게는 660㎡, 크게는 1,500㎡ 약 200~500평 규모로 팔았다. 신문이나 TV 뉴스 시간을 통하여 수없이 보도가 되었어도 근절되지 않고 사회의 독버섯처럼 사기 행각을 벌이고 있다.

법적으로 필지 분할은 막았으나 최근에는 특정지역 개발이 활발한 수도권과 전철역 예정부지 인근 토지를 지가가 상승한다는 미끼로 전·답을 660㎡에서 1,000㎡ 지분으로, 3.3㎡를 200~

300만 원 규모로 소액 2,000만 원부터 시작하여 여러 사람을 한 필지 속에 묶어 지분을 매매하는 것이 유행처럼 현재도 번지고 있어 주의가 요구된다.

설령 가격이 오른다고 하더라도 외지인^{부재지주} 비업무용 토지인 경우 양도세가 최대 48%, 주민세 10% 포함으로 50% 넘는 금액을 세금으로 지출하고 나면 남는 게 있겠는가.

국가, 지방자치단체, LH 등에서 수용할 경우 공시지가의 150% 선에서 수용되기 때문에 소문 속에서 형성된 토지가격은 공시지가의 200~300% 선에서 매입되는 경우로 오히려 마이너스가 되는 경우도 있다.

수용 지역에서 제외될 경우 개발제한구역^{그린벨트}으로 묶어 놓기 때문에 위험이 잠재되어 있음을 독자들은 알아야 한다. 또한 1필지를 여러 사람이 공동으로 매입할 경우 의견일치가 쉽지 않아 개발에 있어 문제가 되기도 한다.

토지 투자는 최소의 전문 지식을 익힌 다음에 하는 것이 바람직하다. 요즘은 학원, 특별강연, 인터넷 강의 등 교육기관이 다양하다.

필자도 고용노동부지원 주거복지사 원격훈련기관인 (주)이테시스 인터넷방송에서 강의 중이며 토지 투자에 있어 기본이 되는 내용들이 요약되어 있으니 참고하기 바란다.

내가 아는 만큼 수익도 얻을 수 있는 것이다.

기획부동산 사기 행각의 실 사례

　기획부동산이 불특정다수에게 전화를 걸어 땅을 파는 사기 행각은 20년 넘게 지금까지 행해지고 있다. 법이 강화되면 그에 맞게 수법이 다양해져 지금도 피해자가 계속 늘고 있어 안타까움이 크다.

　피해 토지의 주소지는 성남시 분당구 석운동으로 판교와 가깝고 안양으로 넘어가는 위치에 있다. 피해자는 김○○이란 50대 초반 여성이다. 신학 공부를 하고 있기도 하며 남다른 신앙심으로 잘 아는 지인에게 속은 사례이다.

　2014년 적금 탄 돈 2,000만 원을 투자하여 사기를 당하고도 혼자 마음 고생을 하다가 한전한국전력공사으로부터 송전탑 공사로 30년 점유 협의가 들어오면서 50만 원 보상 책정에 너무 억울하다며 찾아온 경우이다.

2012년 필자에게 몇 차례 강의를 듣고 기억하고 있다가 5년이 지난 2017년 12월 고민을 털어놓았다. 토지는 평당 10만 원도 안 되는 맹지에다 보전녹지지역, 공익용 산지로 어떠한 개발도 불가한, 한마디로 천지가 변하기 전에는 아무짝에도 못 쓰는 땅이었다.

8,000천 평 1필지에 무려 126명이 공동소유권법상을 등기해 놓고 있었다. 김○○님 경우는 25평을 평당 80만 원씩 2,000만 원을 주고 소유권 이전이 된 것이다. 평당 10만 원도 안 가는 땅을 매입해 놓고 무려 평당 80만 원씩 받았으니 가히 수법이 놀랍지 아니한가. 거기에다 한전에서 2만 볼트가 지나가는 송전탑을 세운다고 하니 126명의 64억 원이란 돈이 공중에 뜬 것이다.

소유권 이전이 되었을 경우 현행법상 처벌이 불가하다. 당사자 의사에 의한 결정으로 법 해석이 되고 있기 때문이다. 10여 년 전만 해도 산골짜기 땅을 바둑판처럼 분할지적도면상하여 팔았다. 노후에 낙향하여 집이나 짓고 텃밭을 일구며 살려고 현장에 가보면 도로가 없는 땅이 태반이었다. TV, 신문에서 여러 차례 방영되어 필지 분할이 금지되었다.

그 후 나타난 수법이 수도권, 평택을 비롯한 개발이 활발한 특정지역 토지를 분할이 불가하니 소액 투자자들을 끌어들여 전철역이 예정된 지역의 경우 평당 200~300만 원씩 투자를 시키고 소액 몇 천만 원 투자 경우 10~15평 정도 지분투자 공동등기로 소유권 이전을 해준 것이다.

 공기업이나 정부에서 수용하지 않는 한 개발을 할 수가 없다. 조합 결성도 쉽지 않고 수용되지 않으면 내 땅은 값이 올라 좋을 거라 생각하지만 개발 인근지역은 대부분 녹지지역으로 묶이거나 개발제한구역그린벨트으로 묶는 경우가 대부분이다.

 한마디로 아마추어는 토지에 투자를 하면 안 된다. 적어도 토지 이용계획 확인서문서 정도라도 볼 수 있는 안목을 기른 다음 전문가 상담 후 결정해야 한다.

 위 사례 경우는 유사수신처럼 불특정 다수로부터 쪼개기 식으로 개발 불가한 토지를 7배 차액으로 사기, 기망 행위로 편취했으니, 토지소유주들은 법률 전문가에게 자문을 받아 집단 소송을 하는 것이 해결 방법이다. 결과는 '땅 가진 거지 부자 만들기 Ⅲ'에서 집필하겠다.

 흔히 운칠기삼이란 말을 한다. 사업에는 운이 7이고 기술이 3이란 뜻인데 필자 생각은 반대다. 기술이 7이고 운이 3이라고 본다.

 왜 배우는가? 기술을 익히는 것이 먼저가 아니겠는가!

인간은 왜 그토록 땅을 좋아하는가

1945년 8·15 해방 이후 매년 다가오는 기념일이지만 그때마다 대하소설 『토지』의 작가 박경리 선생을 떠올리지 않을 수 없다. 일제 강점기는 소작인을 거느리고 대농을 하다 일본의 편에서 관료의 길을 걷거나 농업에서 무역상으로 부호가 된 자들이 부지기수였던 암울했던 시대다. 당시를 배경으로 한 대작 『토지』는 구한말 1897년 무렵 경상남도 하동의 평사리에서 5대째 지주로 군림하고 있는 만석꾼 최 참판 댁을 중심으로 한 작품이다.

수년 전 필자도 회사 임원들과 다녀온 적이 있다. 수만 평에 이르는 앞뜰과 소설에 등장하는 소작인들의 실제 기거했던 주택들이 비교적 잘 보전되고 있었다. 조금 나오자 섬진강이 흐르고 필자가 갔을 때가 봄이라 섬진강 유역 차도에는 봄꽃이 막 피기 시작할 때였는데 아침 일찍 일어나 바라본 천년고찰 쌍계사 방향 샛강은 물안개가 자욱하고 가히 무릉도원에 비교할 만했다.

필자는 부동산 전문 칼럼니스트로 집필을 하지만 단순 부동산 투자 정보만 집중하기보다 정책 제안과 제언, 역사를 통한 현실과 미래 부동산 시장의 방향 등을 분석하고 독자들과 함께 생각해 보는 시간을 가지려 했다. 인간의 정신과 마음속에는 영원을 사모하는 마음을 신께로부터 받았다. 사람은 누구나 말로는 70~80세 정도 살면 되지 하는 분들이 많지만 사실은 오래 살고 싶어 한다. 대한민국은 지금 100세 시대에 이르고 있다. 이번에는 인간은 왜 그토록 땅을 좋아하는가, 그 근본부터 의문을 가지고 생각해 본다.

박경리 선생의 작품 『토지』의 배경은 농경시대였다. 서구 문명은 17세기부터 산업화 시대로 변모하였고 이전까지는 농경문화 시대였다. 일본은 18세기 중엽에 서구 현대문명을 받아들이면서 동양인 특유의 섬세함을 더하여 대 문명 국가로 성장한 것이다. 그 과정에 우리 민족은 일제 침략을 받게 되어 귀속국이 됐고, 소위 지식인들이 둘로 나뉘었다. 미래 민족의 자존을 뒤로 한 채 개인 이익에만 몰두한 자들이 있는가 하면 작품 속에 당시 부호이면서 민족을 위한 자주 독립을 위한 애국지사가 있었던 것이다. 당시에 상황을 박경리 선생님께서는 대작인 『토지』란 작품으로 남기셨다.

성경을 인용해 사람의 지은 바 과정을 보면, 하나님의 형상대로 우리를 따라 지으셨다고 나와 있다. 신과 함께한 이상세계, 영의

    땅 가진 거지 부자 만들기 Ⅱ

세계 무리들이 사람을 탄생시켰다는 기록이다. 그다음 인간 탄생의 비밀이 있는데 "하나님이 흙으로 사람을 지으시고 그 코에 생기를 불어넣으니 생령이 되었다."라고 기록하고 있다. 신의 세계에서 인간 탄생의 과정을 살펴보면 1차는 하나님의 형상을 '우리'라는 하나님의 속한 무리들이 사람을 지었다. 2차는 영적 존재 철학을 의미하기도 한다. 하나님께서는 흙으로 사람을 지으시고 그 코에 생기를 불어 넣어 생령 즉 산 자 아담인간을 탄생시켰다는 것이다.

인간 탄생의 비밀이 무엇을 의미하는가, 같은 존재라 할지라도 산 자와 죽은 자가 공존하고 있다는 뜻이 아닌가? 동양철학에서 죽은 자를 가리켜 돌아가셨다고 표현한다. 흙에서 와서 흙으로 육신이 돌아갔다는 뜻이 아닌가? 뼈를 부수고 한 줌의 재가 되고, 이 또한 시간이 지나면 산천에 뿌려지니 결국 흙에서 소산돼 흙으로 돌아간다는 표현인 듯하다. 육체와 영이 결합하여 인간이 되고 혼이 묶여 영·혼·육이 산 자의 인간인 것이다.

49재란 혼이 흩어지는 과정을 표현한다. 영의 세계는 영원을 사모하고 영원히 존재하기를 원한다. 반면, 육체는 흙의 소산이니 사람은 누구나 토지의 소산으로 삶을 살아가고 땅을 가지려는 것이다. 국가 간 전쟁도 궁극적으로는 땅을 빼앗기 위함인 것이다. 우리네 속담에 사촌이 땅을 사면 배가 아프다고 한다. 왜일까?땅은 그만큼 중요하기에 !

선진국일수록
개인 단독주택 선호

오늘날 사회는 급변하고 있다. 흔히들 하루가 다르게 변한다고 말한다. 사실 시시각각 변하고 있다. 필자는 지난해 대통령 선거를 전후해 부동산 정책 제안 및 제언을 수차례 한 바 있다.

정책의 제안을 통해 규제 철폐 및 양도세 대폭 완화 정책만이 부동산 경기를 살릴 수 있다고 했었다. 필자의 제안이 계속되고 있을 때 일부 전문가들은 회의적으로 판단하고 있었다.

필자는 한 번 더 짚어 보겠다.

투기가 조장되려면 그에 맞물리는 시기가 있다.

첫째, 수요에 비해 공급이 부족할 때 발생되는 것이다. 둘째, 경제성장률이 높을 때이다. 물가와 급료는 비중을 같이하지만 경제가 고도성장할 때는 부동산 시장 또는 주식 등에 돈이 몰리기 때문이다. 셋째, 호재가 있어야 한다. 특정지역에 공기업 이전이나 대형 산업체가 들어설 때이다.

현재 주택공급이 이미 100%를 넘어선 상황이다. LH공사 같은 공기업에서 임대분양으로 방향을 전환하게 되면 공급 과잉 현상이 우려되는 시점에 이르고 있다.

2018년 경제 성장률을 3% 예상하고 있다. 부동산 시장으로 돈이 몰릴 수 없다는 얘기다. 또한 호재가 있어야 하는데 현 정부에서 호재가 있기는 어렵다고 봐야 한다. 그렇다면 투기 우려는 기우이다. 기존 주택, 토지시장을 시장원리에 맡겨야만 거래가 이루어지고 자금이 돌아야 소비가 진작된다.

앞으로 부동산 시장의 변화에 주목해야 한다. 부동산 투자의 매력은 흐름에 대한 변화를 알 수 있을 때 발전된다.

반세기 전으로 돌아가서 우리의 주택문화를 살펴보면 앞으로의 방향이 보인다. 6·25사변 시 1950년 대의 전쟁사진 또는 당시 흑백 TV 화면으로 보면, 서울시 사대문 안은 기와집이 많았고 사대문 밖이나 지방은 초가집임을 알 수 있다.

1960년 초 박정희 대통령의 산업화 시점에 이르면서 새마을 운동을 통해서 초가지붕을 벗기고 슬레이트 지붕으로 변화한다. 1970년대 이르면서 서울을 비롯한 대도시는 양옥집서양식과 단층 5층 아파트가 건립된다. 청계천을 덮으면서 판자촌에 살던 시민들을 특정지역을 기점으로 분할해 토지 8평을 불하해 준 것이다. 개인 능력에 따라 블록 벽돌로 담을 쌓고 판자에 루핑roofing이라고 콜타르를 발라 지붕을 달았다. 그 후 1980년대 초에 이르러 필자가 지적한 불량 노후 주택을 허물고재개발 집단 주거 단지인 오늘날 아파트로 변천한다.

단층5층 아파트는 재건축이란 단어로 20~25층 아파트로 변모한 것이다. 1980년대의 틈새시장은 다름 아닌 연립, 다세대, 빌라, 다가구 등이다.

건축기술이 부족했던 시절에 건축한 주택들이다 보니 양옥집서양식은 난방이 어려웠고 아파트 역시 기술 부족으로 20~30년 정도 유지되는 수준이었다.

현재는 타워팰리스 같은 초고층 아파트는 기술이 세계수준을 앞서고 있어 50년 이상 유지 가능한 공법으로 건축된 점 아시기 바란다.

근래는 어떤가. 아파트공동주택에 만족하는가? 아니다. 개인 단독주택을 마음에 두고 있다고 할 수 있다.

자금력이 가능한 분들은 공동주택이 아닌 주말을 활용하는 도·농의 전원주택이 있다. 최소 빌라라도 세컨드하우스 개념으로 아이들과 주말에 이용하는 주거개념을 넘어 문화갤러리와 같은 공간을 요구하는 것이다.

선진국일수록 단독주택을 선호한다. 이는 사람의 본성이 자연과 접하고 싶어 하는 까닭이다. 물과 공기, 경치 좋은 산과 들, 호수, 바다 등 필자가 투자의 조언을 한다면 도·농에 단독 주택지를 잘 골라 투자한다면 상당한 상승가치를 누릴 것이다.

앞으로의 주택은 쉼터, 자연과 함께하는 곳에 투자해야

공간예술과 쉼터로서의 주거 공간

이번 칼럼을 통해 부동산시장의 변화에 따른 투자를 권유한다. 지난 칼럼을 통해 반세기 전부터 우리나라 주택문화의 변천사를 열거한 내용을 보았을 것이다.

1950년대까지 대한민국의 주택구조는 기와집과 초가집으로 구성되었다. 일제강점기 36년간 일본의 공관으로 쓰기 위해 지어진 건축들이 서양식 현대 건축으로 일부 있었을 뿐이다. 1960~1970년 들어 새마을 운동을 통해서 농·어촌 중심으로 지붕개량 슬레이트 지붕으로 바뀌고 도시는 서양식 주택으로 탈바꿈한다.

1980년대 들어서 오늘날까지 아파트가 주류를 이룬 것이다. 인간사는 원시반본의 원칙을 가지고 있다. 본래 자리로 돌아간다는 의미다. 우리의 주택문화는 옹기종기 공동체 부락을 이루고 살아온 것은 사실이지만 자연을 접하고 살아왔다. 독자 여러분들 중 50대 이상인 분들은 명상 속에 시골 농로 길을 떠올려 보기 바란다. 쭉 뻗은 신작로 길은 일제강점기부터 바뀌어 가기 시작한 것이다. 우리의 농로 길은 강, 하천, 개울 등을 따라 구불구불한 길이었다는 점이 생각나실 것이다. 여름에 장마가 와도 자연 재난이 적었다. 물길이 자연 속에서 형성되었기 때문이다. 미흡했던 도시건설에 자연파괴가 더 많은 재난을 불러왔다. 경제가 어렵긴 해도 세계 11위 경제 국가이다.

앞으로의 주택문화는 쉼터이면서 공간예술이다. 여기에서 가장 중요한 것은 자연과 함께 이루는 건설이어야 한다. 향후 5~10년 후에는 아파트 공동주택가 아닌, 단독 전원주택으로 선호도가 바뀔 것으로 예상된다. 그 원인을 살펴보겠다. 첫째, 고령인구 증가율이 세계 1위라고 한다. 둘째, 60대 이후 은퇴세대들이 재취업이 거의 안 되고 있다. 셋째, 도시와 농촌이 교통망 확충으로 인해 1~2시간대에 오고 갈 수 있기 때문이다. 대한민국의 전국이 1일 생활권으로 변화가 왔다.

단독, 개인주택은 예전같이 정원 문화가 아닌 20평~50평 정도에 텃밭을 활용하여 갖가지 채소 야채를 수확할 수 있다. 겨울에도 태양열과 지열을 이용하여 하우스 재배도 가능하다. 식생활비를 절반 이상 자급자족이 가능하다. 특히 필자가 건축 중인 지역은 도, 농, 어촌이 잘 조화된 곳이다. 바다가 유명하다. 제부도, 전곡항, 궁평항, 매향항 등 농촌 작물로는 송산 포도를 비롯, 갖가지 작물이 생산되는 곳이다. 대기업인 삼성, 현대, 기아차 연구소 등 협력업체가 많은 곳이다.

인근 도시의 아파트 25~30평대 가격보다 낮은 가격이다. 대지 값 상승을 판단한다면 부동산 투자가 개인 단독주택이란 것을 판단하시기 바란다. 공동주택의 경우 대지 지분율이 낮아서 재건축할 경우 혜택이 없다. 개인 단독주택은 대지 지분율이 높아 토지 가격 상승폭이 결국 부동산 값을 판단하는 것이다.

지목 발급 확인, 토지 구분에 따라 건축 허가 유무 다르다

길을 지날 때 나무를 보면서 숲을 못 본다는 얘기가 있다. 부동산 투자는 워낙 광범위하여 A라는 친구는 "땅을 매입했는데 몇 년 만에 대박이 났대." "그 친구 땅 보는 특별한 노하우가 있었나 봐." 친구끼리 대화다. 이번 칼럼에서는 광범위한 부동산 투자 중 토지에 관해서 먼저 투자 방법을 설명하려 한다.

부동산 투자에는 원칙이 있다. 특히 토지에 투자매입하는 경우 검토해야 할 것이 많은 편이다.

첫째, 지목이다. 토지이용계획확인서를 발급해서 확인하길 바란다.

둘째, 토지의 구분은 대지, 잡종지, 전·답, 과수원, 임야, 유지 등이다. 이 중 대지, 잡종지는 언제든 건축허가를 취득할 수 있다.

셋째, 전·답은 계획관리지역과 보존관리지역, 농림지역 등에 따라 건축 가능 여부가 다르다. 또한 비도시지역인 경우 그 지역 주민에 한해서 농지원부가 있어야 농가주택 또는 농업관련 창고 등이 허가된다.

넷째, 임야山를 매입할 경우 더욱 세심하게 살펴야 한다. 관리지역 內에 보전녹지, 생산녹지, 자연녹지 등으로 구분되어 있어 매입 투자함에 주의가 요구된다. 자연녹지의 경우 토지면적의 20%에 한해서 개발건축이 가능하나 생산녹지의 경우는 거의 개발 불가능하고 흔히 말하길 代를 물린다고 표현한다.

자연녹지지역이라 하더라도 도로가 있는가에 따라 또한 도로 4m 이상 되어야 건축허가가 가능하다. 지목상 도로여야 한다 현황이 도로가 있더라도 토지이용계획확인서에 도로가 표기되어 있지 않으면 도로로 인정을 받을 수 없다. 지역에 따라서는 6m 이상 요구되기도 한다.

이외에도 지역이 수변구역 또는 상수원보호구역 등 허가 요건에 있어 많은 제약이 따르므로 전문가의 조언을 받는 것이 바람직하다. 아울러 그 지역이 앞으로 발전 가능한지 여부는 그곳 시·군에서 향후 5년간 개발계획 등을 열람해 보고 판단하는 것이 지역을 살피는 좋은 방법이다.

또한, 특정 기업이 유치되는지 여부도 확인해 볼 필요가 있다. 우리나라뿐 아니라 선진국들조차도 세계적인 유망 대기업을 유치하기 위하여 토지를 20년 무상지원, 도로 인프라를 구축해 주는 등 많은 혜택을 주면서 기업 유치에 나서고 있다.

우리나라와 같이 국토가 작고 수도권에 인구가 집중된 경우 현재 어떤 기업이 있고 유치될 기업은 있는지에 따라 지가 상승 폭이 달라지므로 꼼꼼한 체크가 필요하다.

오피스텔 분양 시 올바른 분석법

지난 칼럼에 이어 이번 칼럼에서는 요즘 붐이 일고 있는 임대수익형 오피스텔과 상가 등에 대해 수익구조 및 향후 지속성 여부를 독자들과 함께 생각하는 시간을 가져보겠다.

첫째, 오피스텔인 경우는 대부분이 역세권에 위치하고 있다.

그 이유는 교통면도 있거니와 특히 소형 오피스텔인 경우 주거 겸 1인 사무실 용도의 활용가치 때문이다. 분양일 경우 투자대비 연 4~5% 수익을 기본으로 하고 있다. 연 4~5% 수익 구조는 참신한 업체의 분양가라고 보는 것이 인정할 만하다.

하지만 지면광고를 통해 '임대수익 연 10% 1년 책임 보장' 등의 문구로 분양하는 경우 조심스럽게 살펴볼 필요가 있다. 금융 금리가 연 2%대에 5배 이상의 임대수익을 수분양자에게 줄 리가 있

  땅 가진 거지 부자 만들기 II

겠는가. 의문은 말미에서 필자가 정리하겠다.

다음은 상가 분양이다. 신흥도시 중심 상가, APT 단지 상가 또는 역세권 상가 등 다양하다. 일례로 1990년대 초 입주한 수도권 5개 신도시를 예로 들어 보겠다. 일산, 분당, 평촌, 산본, 중동, 상기의 5개 신도시 중심 상권은 20년이 지난 현재 모두 실패작이다.

공실률이 적게는 20%~40%에 이른다. 초기 5~10년 內 상권은 80~90% 상권 형태를 이루었지만 현재는 평균 수익률이 3%대에 못 미치고 있다. 원인을 몇 가지 분석해 보겠다.

첫째, 상업지역 공급 과잉이다. 지역 인구비례 상업지역 분포에 그 문제가 있는데 200% 가까이 상업지역을 공급한 데서 1차 문제가 있었다.

둘째, 수도권이기 때문에 서울 강남 상권과 근거리에 있다는 점이다.

셋째, 같은 종류品目 집중이다. 결국은 상업지역 토지 공급 과잉이 큰 원인이 되었다고 볼 수 있고 분양가 역시 터무니없어 부동산 붐을 타고 투기성 분양가가 높았다는 것이다.

현재 위 5개 신도시는 중심상권도 APT 단지 상권도 모두 자멸

하고 말았다. 문제점이 지적되었다면 앞으로의 투자는 어떻게 판단해야 하는가? 임대수익 연 10% 이상 1~2년 보장하는 것은 매우 위험하다. 우선 분양가를 주변 시세하고 면밀히 비교해 볼 필요가 있다.

어떤 보장이 주어질 때 실제 분양가는 주변시세보다 매우 높을 경우가 많다. 사업자는 결코 희생을 하지 않는다는 것이다. 또한 건축비용은 분양자가 알 수 없으나 분양 평수 비례 토지 평수가 몇 평인지 비교해 볼 필요가 있다.

훗날 재건축이 될 경우 토지 지분율이 낮으면 건축비는 100% 수분양자가 부담할 수밖에 없다. 그렇다면 연 몇 % 수익이 중요한 것이 아니다. 나의 투자금액을 감하고 있다는 것이다.

연 10%를 받으면 10년이 지나야 투자원금을 회복하고 10년 이후부터 순수익이 발생하는 것이 된다. 금융비용을 포함시키면 3~4년 연장으로 비율계산이 산정된다. 2~3년 사이 내부 인테리어 비용지출 등 종합적인 계산을 하지 않는다면 실제 수익을 판단하기 어렵다는 것이다.

오피스텔 빌딩인 경우 최소 15층~30층인 점을 잘 판단하기 바란다.

다음은 상가 투자인 경우 현실성이 있어야 한다. APT단지 內

상가인 경우 세대 수 대비 몇 개의 상권이 입점하는가. 기본적으로 ㉮ 미니슈퍼 마켓 ㉯ 치킨집 ㉰ 세탁소 ㉱ 미용실 ㉲ 분식점 ㉳ 기타 주변에 학교가 있는 경우 문구, 학원이나 바디숍 등, 세대수와 환경에 따라 기초 상권을 판단하기 바란다.

개략적인 수입을 판단하고 분양가를 가늠하는 것이다.

30년 전 사례로 엿보는 주택시장 동향과 미래 비전

'틈새'를 공략하라

지금의 주택시장을 판단하려면 지난 40년간 주택시장의 동향에 대하여 알아보면 알 수가 있다. 1980년 초부터 재개발^{노후불량주택} 붐이 시작되었다. 서울시의 경우 100여 곳이 넘게 지금까지 아파트단지로 전환되면서 많은 변화를 가져왔다. 40년 전은 물론 현재도 주택을 마련하기는 매우 어려운 것이 사실이다. 일반인이 대학 졸업 후 군대에 다녀오고 나면 20대 후반에 직장을 잡고 돈이 모이면 결혼자금 마련하기가 빠듯하다.

결혼 후에는 출산 등으로 10여 년이 흘러 30대 후반~40대 초에 이르러 정말 열심히 남보다 덜 쓰고 모으면 개인에 따라 다르겠지만 적게는 몇천만 원에서 많게는 1~2억 원 정도가 모인다고 볼 수 있다. 그 돈으로 주택을 마련하기란 매우 어렵다. 결국은 주택 값의 50% 정도는 금융대출을 받고 집 마련을 한다. 지난

2005년까지는 IMF 시기를 제외하고 주택 값이 매년 10% 이상 올랐기 때문에 재테크의 수단이 됐다.

그런데 현재는 어떤가. 지역 따라 30~40% 이상 주택 값이 떨어지고 나니 주택을 팔아도 남는 것이 아니라 빚을 지는 형국인 것이다.

상당수의 부동산 전문가들은 '이제는 주택이 재테크 대상이 아니다'라고 단정하기도 한다. 설득력이 있는 말이라 할 수 있다. 하지만 선진국들 경우는 주택수요가 113%~115%대까지 육박해도 틈새시장이 있기 마련이다. 지금같이 불황이 장기화될 때가 오히려 기회인 것이다.

필자는 지금부터 40년 전으로 돌아가서 어떤 방식으로 주택 마련을 하는 것이 바람직한지를 살펴보겠다. 역사는 순환하는 것처럼 주택 시장도 지난 과거사를 잘 살펴보면 지금이 오히려 기회가 왔다고 할 수 있다.

먼저, 재개발과 재건축이 어떻게 다른가. 재개발은 일반주택이 노후해 사람이 살 수 없는 불량주택을 말한다. 재건축은 1970년대 초부터 서울을 비롯해 대도시 중심으로 건축된 단층 아파트를 정비하는 것을 말한다. 5층 저층에서 10층 정도이며 우리나라 건축기술이 아주 낮은 수준일 때 건축된 아파트다. 서울 잠실의 경우 서울시에서 시공한 시영아파트가 지금은 재건축으로 모두 정비가 됐다.

1970년 중반 잠실 시영아파트 가격이 13평형 가격이 1,500만 원대 수준으로 분양이 됐고 장기주택 은행 20년 융자가 500~700만 원 포함돼 실제 700~800만 원에 내 집 마련이 가능했다. 그 당시 공무원 초급 월급이 17만 원 정도였으니까 안 쓰고 다 모아도 5년 이상 모아야 13평 아파트 구입이 가능했다. 그렇다면 40년이 지난 현재는 어떤가. 그 시기나 별 다를 바가 없다. 여기서부터 실제로 주택 구입을 어떻게 하는 게 가장 바람직한 방법인지를 설명하고자 한다.

1970년 후반은 산업화 붐이 일어났고 민주화 투쟁이 열기를 더할 때이다. 이때 최초 주택구입자는 두 종류로 분리된다. 실패 사례로, 25평형 아파트의 1985년경 서울시 평균 분양가는 7,500~8,500만 원 선이었다. 1985년도 목표를 세운 신혼부부가 5년 후 주택구입 예상 목표로 정말 최선을 다해 덜 먹고 안 쓰고 줄이는 수전노 같은 생활을 통해 1990년에 8,000만 원을 저축하였으나 이때 주택가격은 1억 원을 넘어가게 된다. 열심히 살아온 신혼부부는 맥이 풀리는 과정을 겪는다.

또 다른 예를 보자. 필자의 당시 주택구입 방법을 예로 들겠다. 두 가지 방법을 택했었다.

땅 가진 거지 부자 만들기 II

하나는 재개발지역, 예로 든다면 관악구 신림2구역 정확히 신림 2동 재개발지구다. 8평 불량 노후 주택의 매매가는 700~800만 원 선이었다.

전세금 250~300만 원 제외하면 350~400만 원 선에 구입 가능했다. 훗날 정확히 7~8년이 지난 후 32평 아파트를 실비를 내고 분양을 받는 조건에 자격이 주어졌다. 그 당시 32평 분양가는 1억 2,000만 원대로 10배 이상의 이익이 창출됐다.

또 다른 방법은 실 예로 마포 공덕동 주공아파트 13평의 그 당시 가격이 1,700~1,800만 원 선이었다. 여기에 주택은행 장기대출이 500~700만 원이었고 전세가는 700~800만 원 선이었다. 실제 500만 원만 가지면 13평 아파트 구입이 가능했다. 그 당시 다주택 양도 세금이 있는 것도 아니었기에 5,000만 원이면 주택 10채를 구입할 수 있는 시대였다.

10~15년 후 재건축을 통해 10~15배 이익이 창출됐다.

이처럼 돈을 모아 25평 아파트를 구입하려 한 사람은 30~50% 이상 주택 값이 올라 있어 구입이 불가했고 재개발 재건축을 선택한 사람들은 작은 돈으로 10배 이상 자금을 늘려 집 마련을 정말 쉽게 한 것이다.

그렇다면 지금은 어떠한가? 지금도 가능하다. 언제든 틈새시장이 있게 마련이다.

지금도 필자의 제안대로 특정지역에 임대수익을 목적으로 하는 투자의 경우 1억 원 상당 빌라를 분양받는다면 대출 5,000만 원에서 7,000만 원, 보증금 1,000만 원 월세 50만 원을 받는다.

실 투자금 3,000~4,000만 원 선에서 투자 후 지가 상승 등을 고려하면 연수익 10%대의 고수익과 상승 기회는 늘 있게 마련이다.

투자가 돈 많은 사람의 전유물이란 생각은 버려야

필자는 지난 칼럼을 집필하면서 대부분 부동산 정책의 대안 제시 중심으로 집필하였으나 앞으로는 독자 중심의 투자 위주로 기술하려고 한다. 독자들 입장에서 보면 부동산 시장이 워낙 방대해 어떤 방향에 초점을 맞추는 것이 옳은지 판단하기란 매우 어렵다고 할 수 있다.

우선 투자의 개념부터 짚어 보자. 부동산에 투자하여 큰 이득을 취하면 투기자로 취급되면서 부도덕한 자로 평가되곤 한다. 과연 투자와 투기 이 두 단어는 어떤 개념으로 판단해야 하는지 생각해보자.

A 씨는 노후를 대비하여 은퇴 후에 도시와 농촌 즉, 도·농의 생활을 계획하고 예를 들어 경기도 안성시 특정지역에 농토 1,000평을 매입했다. 2~3년 지나 도시개발지역으로 발표나면서 매입 가

격이 5배 이상 뛰었다. 이 경우를 두고 두 가지, 투자와 투기에 대한 여론이 나타나는 것을 볼 수 있다.

은퇴 후 노후 대비로 도시 가까운 곳에 전원주택을 짓고 하우스를 활용한 농사를 지어 어느 정도 수익을 창출하면서 도시생활을 꿈꾸는 것으로 투자라는 생각이다. 또 다른 판단은 어떻게 같은 시기에 투자를 했는데 A 씨의 경우만 도시지역 개발의 호재가 생길 수가 있는가? 이는 사전에 정보가 있어 투기 목적으로 투자한 것이 아닌가 하고 보는 것이다.

자, 여기에서 독자들도 판단해 보기 바란다. 필자는 여러 예를 들어 판단해 보겠다.

우선 A 씨는 이 시대를 사는 은퇴를 앞둔 도시인들의 경우 누구나 꿈꾸는 미래 생활을 설계한 것이다. 필자도 50대 중반이다 보니 40대 후반부터 그와 같은 생각을 가졌고 실행하고 있다.

그렇다면 A 씨의 경우 사전정보가 전혀 없이 그냥 투자를 했겠는가 하는 의문을 가질 수 있다. 다만 은퇴 후 수십 년을 살아가기 위해 새로운 터전을 찾아 투자를 하는데 그냥 길을 지나다가 이곳이 좋으니 투자를 하자는 것은 아닐 것이다.

이 시대는 정보가 넘쳐나는 시대다. 적어도 앞으로 5~10년 후 도시계획을 확인할 수 있다.

 적어도 대도시가 아닌 경우라도 중·소 도시에 인접한 곳을 골라서 노후대비를 하는 것은 생활에 편리한 문제를 해결하는 것이기에 즉 병원·쇼핑·문화 등이 없는 외딴 섬으로 간다면 초자연의 아름다움은 즐길 수 있되 도를 닦으러 가는 것이 아니지 않는가?

 A 씨의 경우 설령 일부의 정보를 알고 토지를 매입하였더라도 투자이지 투기로 볼 수는 없다. 투기란 공직자나 개발지역 관련한 종사자들이 실제 정보를 입수한 후 투자하는 것이 투기이다. 발전이 빠른 국가일수록 토지가격이 상승하는 것은 국가발전과 더불어 지역발전과 비례함을 볼 수 있다.

 필자가 실제로 조언하고 싶은 곳은 도시 인근의 전원주택이다.

 30~40대 젊은 분들도 괜찮다고 본다. 대지 100여 평 내외에 주택 20~30평대, 방 2~3개 정도 지역에 따라 1억 5,000만 원~2억 5,000만 원 선에서 구입 가능하다. 주말을 이용하는 세컨드 하우스 개념이다.

 금요일 퇴근 후 부인, 아이들과 쉬면서 20~30평의 갖가지 식물의 농토도 경작을 하면서 사업·직장에 대한 재충전을 하고 아이들에게는 자연을 이론이 아닌 실제 학습으로 체험하게 함으로

써 교육이 따로 필요가 없다.

  사회가 워낙 팍팍한 것인데 한 번쯤은 투자가 꼭 돈이 많은 사람들만의 전유물이 아니라는 것을 생각해 보았으면 한다.

  특히 필자는 토지에 대해 30년 이상 현장에서 습득한 노하우를 미래토지정책포럼을 통하여 강의 중에 있다. 독자들께서도 많은 참석 바라고 글로 표현할 수 없는 내용을 직접 듣기 바란다.

  〈부동산 전문, 칼럼니스트 전재천의 부동산 노하우〉

부동산 시장의 다변화에 따른 투자 전략

이번 칼럼에서는 부동산시장의 다변화에 따른 투자전략을 알아보겠다. 그간 부동산시장의 투자는 대략 3가지 원칙만이 존재했다. 주택APT, 토지, 상가 등이다. 오피스텔을 비롯한 펜션주택 등 다변적인 요소는 있었으나 위의 지적과 같이 주택, 토지, 상가 등에 집중되어 있음을 알 수 있다.

필자가 여러 차례 지적했듯 주택시장은 지역에 따라 100% 이상 보급률이 확보돼 있어 틈새시장을 잘 판단하지 않을 경우 수익을 보장하기란 매우 어렵다.

상가는 100%가 아닌, 지역에 따라 150~200%선인 점을 감안해야 한다. 주택 가격은 10~20% 하향되었고 상가는 20~30% 이상 하향되었다. 상가는 틈새시장마저 찾기가 매우 어렵다고 할 수 있다.

그렇다면 토지시장은 어떠한가. 소비가 살아나기 전에 빙하기는 풀리기 어렵다고 봐야 한다. 주택시장은 2013년 하반기부터 실거래 활성화로 소비심리가 움직였다. 하지만 토지시장의 활성화를 위한 조치가 뒤따르지 않는다면 정부의 기대치 달성도는 매우 낮을 수밖에 없다. 시장이란 언제나 유동적이어야 한다.

중요한 것은 투자는 이익이 우선되어야 한다는 점이다. 유동적으로 얻어지는 이득을 불로소득으로 간주하는 것은 자본주의 논리에 모순되는 것이다. 양지와 음지가 공존하듯 노동력으로 수익을 얻는것도, 컴퓨터에 앉아 두뇌머리로 수익을 창출하는 것도 각자의 영역이다. 부동산 시장의 다변성은 투자 후 수익을 요구하고 있기 때문이다.

특히 토지시장은 투자대비 위험성이 많은 것도 사실이다. 전문성이 부족한 가운데 투자한 경우 개발이 불가해 수십 년 후 자녀에게 애물단지로 증여 또는 상속하는 경우도 허다하다. 반면에 정확한 판단에 의한 투자의 경우 소위 대박을 내는 경우도 있다.

위에서 언급했듯 다변화된 투자란 기존 투자방식을 벗어나서 지역에 따라 제조장공장 물류창고 등을 필요로 하는 지역들이 있다. 그 지역 중·소 건설업체들과 협력해 특성에 맞는 건축을 통한 투자를 모색할 필요가 있다. 단순히 매입 후 큰 이익을 내고 매각할 경우 투기로 판단하는 것이다. 그 지역이 요구하는 주택 또는 상

     땅 가진 거지 부자 만들기 Ⅱ

가, 제조장, 물류 등 다양하고 다변화된 부동산 투자방법을 찾는다면 앞으로 투자의 가치와 매력이 충분하다.

필자는 끝으로 토지시장 역시 양도세 대폭 완화, 최대 50%까지 낮추는 게 시장원리란 것을 정부에 촉구한다. 토지시장도 움직이도록 해야 한다는 것이다.

소형, 원룸 주택이 주목받는 이유는?

필자는 지난 칼럼에 이어 최근 신문광고란의 원룸 시스템과 도시형 생활주택에 대해 분석을 해 보겠다. 먼저 소형 원룸 주택을 찾는 원인부터 생각해 보자.

첫 번째, 세대 간 분리에 있다고 볼 수 있다. 대가족 제도가 무너지면서이다. 급속한 산업화를 하면서 농업중심 국가에서 대도시 위주로 급속하게 산업화가 진행되면서 젊은 청년들은 도시로 떠나고 부모 세대는 농업고향을 지키는 데서 오는 자연스러운 현상이라 할 수 있겠다.

두 번째, 의식의 변화이다. 노후에 자식한테 의지하며 살지 않겠다는 마음가짐이다. 1960~70년대 산업화가 시작될 때 청소년들은 지금 50~60대 은퇴시기이다. 기성세대의 삶을 돌아보면 세계에서 유례를 찾을 수 없을 만큼 자식에게 투자했다고 볼 수 있다.

교육집중 투자가 오늘날 대한민국을 10대 경제국가로 올린 기반이다. 하지만 나의 노후는 자식들이 보장하지 않는다는 것이다.

세 번째, 은퇴가 눈앞인데 100세를 산다고 하니 좋은 것은 분명한데 은퇴 후 삶에 대한 보장이 없다는 것이다. 극도의 불안 속에 앞날을 어떻게 설계할 것인지 정부도 사회도 시개할 수 없는 제도의 한계라는 것이다. 복지의 천국으로 불리던 미국, 일본, 유럽 등 선진국들이 빈곤을 걱정해야 하는 현실이 더욱 불안감을 가중시키고 있는 것이다. 현실에서 보면 나의 노후를 자식에게 의지할 수 없다는 것이다. 그래서 대학졸업 후 세대가 분리되면서 1인 도시형 생활주택과 2인 소형빌라 등을 필요로 하는 것이다.

네 번째, 도시형생활주택, 원룸을 선호해서가 아니라 세대분리에서 비롯되었다는 것이다. 토지는 전문가 입장에서도 5~10년 이상을 보고 투자하는 것이 바람직하고 전문성이 요구되는 분야이기에 전문가의 조언과 함께 신중한 판단으로 투자하라는 것이다. 또한 상가, 오피스텔 투자는 대지토지 비율이 아주 낮으므로 임대수익이 연 4~5% 보장이 된다 하더라도 20년 이상 자기 투자금을 회수하는 것에 불과하고 결국 재건축을 하더라도 매력이 없다는 것이다.

끝으로 현실적 투자를 권하고 싶은 분야는 소형주택이다. 그것은 대지비율이 높은 소형주택에 투자하는 것이 10~20년 후 지가^{토지} 상승을 기대할 수 있다. 주택이 노후화되더라도 토지비가 5~10배가 올랐다면 대단히 성공한 투자로 볼 수 있을 것이다. 물론 주위 여건을 꼼꼼히 살피고 판단해야 한다. 앞으로 발전 가능한지 여부와 소형주택을 필요로 하는 즉 산업밀집지역, 대학교, 상업시설, 공공시설 등 투자금 대비 현실에 적합한 임대소득 여부를 판단하면 결정하기가 그리 어렵지만은 않을 것이다.

향후 10년 이상 1인 또는 2인 세대 소형주택^{빌라} 등은 수백만 호를 공급해야 하므로 투자가치가 가장 높은 부동산 투자로 판단하기 바란다.

상위 20% 세상…
중산층 복원에 초점 맞춰야

금일 모 일간지에 〈집값 다시 하락, 부동산 살리기 시동 걸다가 기름 떨어져〉란 제목이 눈에 띄었다. 특히 부동산 전문가 7인이 각자 의견을 내놓고 있다. 전문가들의 생각은 거의 일관되게 취득세 감면 연장, 다주택자 양도세 중과세 폐지가 중론이다. 또한 정부가 시장을 살릴 의지가 있다는 시그널을 줘야 한다고 지적한다. 필자가 수회 지적했듯이 빙하기가 워낙 오래 지속됐기 때문에 해빙이 쉽지 않음을 짐작하고 정책을 내놓아야 한다. 즉 정치권의 혁신과 같이 부동산 시장이 대한민국의 중산층 복원에 초점을 맞춰야 한다.

꽁꽁 언 바닥에 마른 장작이 아닌 물 먹은 나무에 불을 지피는 격이니 제대로 불이 붙을 수가 있겠는가? 다시 말을 해서 대한민국의 주택 시장에 투기가 일어날 수 없다고 필자는 주장해 왔다. 무엇을 근거로 투기가 나타나겠는가. 양도세 9억 이하 상향조정을 필자는 수회 주장했다.

수입이 낮은 장년, 고령층이 대형주택 소유자가 많다는 점을 지적했었고 수입구도를 변화할 수 있는 통로, 환경을 만들어 유도하는 정책 방향을 설정하라는 것이다. 취·등록세 연장이 지방세 보전으로 한계를 가져온다면 4%대에서 3%대로 낮추어 중앙정부와 지방정부 모두 약간의 손실을 감안하는 것이 옳았을 것이다. 지금도 늦지 않다는 것이다.

세제개편을 통해 실질적으로 시장을 활성화해 나가야 한다. 소비가 활발해야만 유통이 되는 것이 아닌가? 토지시장을 비롯해 전면적으로 세제개편이 있어야 한다. 미래창조과학은 당장 활성화할 수 있는 것이 아니지 않는가? 뜻 그대로 앞날에 새로운 과학문명을 찾고 발견해서 젊은이들이 창조적 삶을 살 수 있도록 하겠다는 뜻이다. 국정의 새로운 패러다임인 것이다. 작금의 현실은 상위 20% 세상이다. 중산층 실종이라 할 만큼 정신적 위기의식 속에 살아간다. 당장 앞날에 대한 믿음이 없다는 것이다.

정부는 5년에 한 번씩 새로운 정책을 가지고 시작된다. 참여정부는 과거사 문제에 중점을 두었고 MB정부는 세계경제 위기 속에 외교에 집중했다. 현 정부는 국민들의 많은 기대를 지고 출범한 만큼 원칙을 중요시하며 철학을 바탕으로 국민들이 미래에 희망과 꿈을 가질 수 있도록 정책 하나 하나에 철학을 담았으면 한다.

　　　　　　　　　　　　　　　　땅 가진 거지 부자 만들기 Ⅱ

　부동산 정책에 있어 숫자풀이에 급급한 정책은 아닌 시대다. 과거에 이래서 투기가 있었다는 식의 정책은 아니라는 것이다. 약간의 투기가 조성된다면 오히려 지하 자금을 자연스레 유도할 수도 있다. 부정한 거래와 사업을 하라는 것이 아니다. 옛 성현들의 구전은 오늘날에도 진리인 듯하다.

　물이 너무 맑으면 고기가 못 산다고 한다. 왜 그런가, 자연 섭리로 이해한다면 이끼가 없고 생태 본능으로 본다면 나를 보호할 수 없기 때문일 것이다. 국회 청문회를 보면 장관 후보의 투기를 비롯해 학군 위장 전입 등 누구 하나 그냥 넘어가는 후보가 거의 없다. 예수께서도 돌을 든 사람들을 보고 "당신도 이 자보다 나은가"라고 하자 모두 흩어졌다고 기록하고 있다.

　원칙 있는 정치 철학이 이 시대는 필요하다. 필자는 한 가지만 더 짚고 가겠다. 많은 국민들이 MB정부는 4대강 중 시범사업으로 하나만 먼저 했었다면 참 좋았을 것이라고 한다. 너무 욕심내지 말아 달라는 주문이다. 현 정부도 많은 현안이 산적하겠지만 부동산 정책만큼은 좀 더 신중하게 추진하길 바란다.

중산층 복원이 해결책

필자는 부동산 정책 전면 수정이 불가피함을 수회 피력했다. 매매 위에 전세, 전세 위에 월세가 고공비행을 하고 있다. 전문가들은 대책에도 주택 구입이 미진한 것을 두고 앞으로 가격이 오를 거란 기대가 없기 때문이라 말한다. 수억 원씩 투자를 하는데 수익이 없다고 판단되는데 투자를 왜 하겠는가.

깡통주택의 경우 상당한 리스크가 있음에도 불구하고 전세금이 상승하고 있다. 또한 리스크가 클수록 월세 수요가 많아지고 있다.

금융권 금리 이익보다 조금만 더 이익이 있다고 해도 월세 수입 쪽을 선택하게 되는 것이다. 월세 매물이 많아 상대적으로 낮은 가격을 선택할 수 있으면 좋겠지만 대도시일수록 수요도 부족하다 보니 가격에 부담을 가지게 된다. 결국 부동산 시장 활성화 방안만이 시장 상황을 빠르게 회복시킬 수 있는 것이다.

부동산 시장에 있어 더욱 중요한 것은 토지시장 활성화 방안을 반드시 모색해야 한다는 것이다. 주택의 경우 공급률이 100%대를 넘어섰기 때문에 생활수준에 따라 소형, 중형, 대형, 고급 단독주택 등 다양한 소유가 형성될 수 있다. 하지만 토지의 경우는 다르다. 지나친 양도세와 취·등록세 등을 대폭 낮추어야만 시장이 움직이게 된다.

기술투자에 집중하는 것은 장기 플랜으로 매우 바람직하지만 토지 시장의 경우 시장의 자금 회전을 유통시키므로 전체 경제 흐름을 높이는 경제 활로가 만들어진다. 필자가 자주 지적하는 것처럼 중산층이 복원되지 않을 경우 시장경제는 살아날 수 없다. 중산층의 개념을 산술적 기준에서만 보지 말고 정신적·문화적 개념에서 판단해야 한다.

개인에 따라 다르겠지만 대략 필자의 주변을 살펴보면 스스로 '성공했다'고 느끼는 정도는 이렇다. A씨는 대학 졸업 후 모 대기업 사원으로 입사했다가 40대 초에 가스렌지 부품 제조공장을 세웠다. 연 매출은 50억 원 정도란다. 순수마진율이 5% 정도라면 연수익이 2억 5,000만 원 정도가 된다. 외제승용차를 가지고 있고, 아파트는 분당에 60평대다.

본인 스스로 대단한 만족을 하고 있었지만 최근에 만나 보니 앞날이 큰 걱정이라고 했다. 일본으로부터 원자재를 수입해서 제조하는데, 외환 리스크가 너무 심해서 공장이 적자운영 중이라는 것. 직업을 바꿀 수도 없다며 걱정을 한다. 주택 가격은 15억 하던 것이 지금은 8억 원 선에 거래가 된단다. 거래도 가뭄에 콩 나듯 이루어져 재산이 절반으로 줄었다고 한다. 나이가 60세도 안 돼서 더 걱정이 되는 모양이었다.

필자는 이 사람을 만날 때마다 성공자의 자신감을 느꼈다. 그런데 최근 그의 모습을 보면서 많은 생각을 하게 된다.

수십억 자산가도 좌절, 상실감을 느끼고 있는데 10억 원대 재산보유^{주택포함}층은 오죽할까. 부동산 경기를 정책적으로 살려내지 못한다면 시장 상황은 더 불안할 수밖에 없다. 부동산 시장이 활성화되지 않는다면 중산층 복원은 요원하다는 것을 직시해야 한다. 부동산 정책의 대대적인 변화가 필요하다.

토지 매입 시 대두될 수 있는 문제점과 해결방안

　이번 사례는 2002년으로 거슬러 가서 매입했던 토지의 경우를 설명하고자 한다. 이 토지 역시 위치는 경기도 성남시 수정구 사송동 8차선과 6차선 사거리 코너의 토지다.

　본 토지는 350여 평에 국유지 150여 평 등 총 사용면적 500여 평으로 2002년 4월경 총 5억 원에 매입되었다. 매입의 목적은 가스LPG 주유소를 허가받을 목적으로 매입하였으나 2003년 초 허가를 득하기 위해 확인 결과 상상하지 못할 문제가 발생했다. 8차선 도로면으로 도로 확장 과정에 일직선으로 도로 잔여 부지가 매입 토지 앞을 가로막고 있었다.

　참으로 난감한 일이 아닐 수 없었다. 지적도국토이용계획확인서 도면에도 기재되지 않은 채 도로 확장 과정 잔여부지 일부가 남았으나 공부상 정리가 되지 않아 필자에게 매매를 한 토지주도 10

여 년을 사용하다가 필자에게 매매를 하였던 것이었다.

필자는 10년을 모르고 사용하다가 매매를 한 토지주를 법적으로 문제를 삼으려 했으나 70 평생 화원 농사일만 하며 살아온 노부부를 상대로 문제 삼기보다는 해결할 수 있는 방법을 찾는 쪽을 택했다. 그런데 정확히 2003년 3월 필자가 매입한 토지 앞을 지날 무렵 이상한 현상을 보게 된다.

필자가 매입한 토지 도로 앞쪽으로 나무가 일직선상으로 심어져 있음을 보고 깜짝 놀란 것이다. 토지가 도로에서 50cm 정도 낮았는데 도로 앞에서 2~3m 정도 흙이 메워져 있고 경계를 뜻하는 일직선으로 1.5m 크기 정도의 나무가 심어져 있었다.

필자가 관할구청 지적과도로과 등에 확인 결과 2~3년 전에 공직에서 은퇴한 사람이 그 토지가 매매가 되었다며 사용치 않는 도로부지를 사용승낙을 해 달라고 하여 사용하라고 승낙해 주었다는 것이다.

필자의 입장은 기가 막힐 수 밖에 없었다. 필자는 8차선, 6차선 코너 땅이라고 알고 산 것이 맹지가 되었는데 그나마 도로 앞쪽을 전직 공무원이 사용 승낙을 받아 흙을 메워 경계까지 해 놓고 있으니 독자들께서 이와 같은 일이 벌어졌다면 어떻게 대처하겠는가? 이제 필자가 수습한 방법을 말하고 싶다.

우선 관할구청에 항의를 했다. 필자가 맹지인지 모르고 샀으며 토지를 매입한 경위와 공부상 지적 정리가 안 되고 있었기에 일반인들이 알 수 없었다는 사실과 필자에게 매매를 했던 전 토지주 역시 10년간 모르고 있었다는 사실을 증명해서 문제를 원만하게 해결할 수 있었다.

만약 원 토지주와 법적 다툼을 하였다면 공무원의 실수로 민간인끼리 다투는 결과를 낳았을 것이고 결국은 필자가 승소하더라도 토지대금을 돌려받는 데 만족했을 것이다. 아니면 필자가 패소할 수도 있는 것이 소송인 것이다. 문제가 발생하면 하나만 판단하지 말고 1안부터 3안까지 대안을 놓고 가장 좋은 안이 무엇인지 생각하여 판단하기 바란다.

노인복지의 장기 플랜으로
귀촌 · 귀농 활성화해야

필자는 부동산 전문가 중의 한 사람으로 실제 건설업을 하고 있고 매주 토요일 부동산 투자 특강을 하는 등 부동산 분야에 있어 올인한 인생을 살고 있다.

부동산 시장이 절벽이라고까지 말하는 전문가들의 지적을 귓전으로 듣고 흘린 것 같다. 절벽이란 추락 그 자체이다. 획기적인 대책이 아닌 이상 회복할 수 없다는 뜻이다.

모 일간지 보도 사설에서 34개 OECD 국가 중 가장 가난한 한국 노인들이란 제목의 사설에서는 66~75세 한국 노인의 상대적인 가처분 소득이 34개 경제협력 개발기구 OECD 회원국 가운데 가장 낮고 빈곤율은 높다는 말을 한다.

OECD가 발표한 회원국의 소득분배 지표를 보면 은퇴 후 다른

나라보다 고단한 삶을 살고 있는 한국노인의 실상이 그대로 드러
났다.

OECD 회원국 노인의 평균 가처분 소득 비율은 90%로 한국보
다 훨씬 높다. 한국은 은퇴 전인 51~65세까지만 해도 가처분 소
득비율이 103%, 국민 전체 평균을 웃돌지만 은퇴 후에는 급격
히 떨어진다. 이른바 소득 절벽이다. 같은 연령대인 미국 노인은
102%, 일본 노인은 89%, 노르웨이 95%인데 반해 한국 노인 빈곤
률은 심각하다. 이들 소득의 절반에도 못 미치는 45.6%라는 통계
조사이다.

한국 노인이 은퇴 후 빈곤층으로 전락하는 것은 빠른 정년과 퇴
직 후 일자리를 다시 구하기 어려운 노동시장의 경직성과 부실한
사회 안정망 때문이라고 지적한다. 국민연금 등 사회복지제도
확충은 결국 세금으로 충당해야 하는 반복적 모순이 도사리고
있다.

노인복지소득의 장기 플랜으로 귀촌과 귀농을 들 수 있다. 직장
이 없는 도시에서 은퇴 후 30~40년 이상의 삶이란 무기력 그 자
체인 것이다.

이제까지의 지적처럼 농산물 절반을 수입에 의존하는 우리나라
는 귀촌과 귀농을 통해서 농업이 기업이 아니더라도 500평 이상,

1,000평 정도의 하우스 재배 농업을 한다면 지역 가까운 도시 위주로 소농이라고 해도 일상의 생활을 할 수 있을 정도의 소득이 가능하다. 우리 부모 세대와 같이 소처럼 일하는 세대가 아니다.

농업도 과학이므로 얼마든지 국가의 자급자족형 농업이 가능하고 결국은 지역과 개인 소득으로 이어지는 것이다.

대통령께서도 도시와 농촌 사이에 직거래 체계를 열거하셨고 유통 체계만 정비가 잘 된다면 고령 인구가 활동할 수 있는 새로운 자영업이 되는 것이다.

부동산 시장 즉 토지, 주택 등의 활발한 거래가 되도록 6억 이하 85㎡ 이하 규정 양도소득세 면제 조건을 애초 계획대로 9억 이하 상향 조정이 필요하다.

대형 평형은 장년층이 대부분 소유하고 있기 때문이다. 직장 없이 재산개념으로 마련한 주택들이 대부분인 것이다. 은퇴 세대들에게 자활을 할 수 있게 돕는 것은 방향을 유도하는 것이다.

정부에서 집단 이주 지역을 설정할 수 있겠지만 집을 하나 팔아서 계속 쓰고만 살 수는 없지 아니한가. 흙과 자연의 삶이 제2의 또 다른 인생을 만들어갈 수 있을 것이다.

그러려면 토지 양도세 부분도 대폭 낮추지 않으면 불가능하다.

앞으로 투기 우려는 기우이다. 고도의 성장 국가가 아니기 때문이다. 부동산은 고도성장일 때 어느 국가나 겪는 것이다. 저성장 국가에서 부동산 투기는 있을 수 없다. 과거에서 벗어났으면 한다.

귀촌, 귀농 방향을 생각해야 하는 이유

필자가 국민들의 현안인 전·월세 문제 해결 방안으로 1차 신도시 5개 지역 대형 평수 아파트를 공기업에서 인수하여 15~25평대로 입구 안에서 입구를 2~3개 설치, 내부 리모델링 후 재분양 및 전·월세로 전환하는 것을 제안하였다. 기술적인 부분에 문제점이 지적될지 모르겠으나 평당 150~200만 원 선에서 인테리어 비용이 가능하리라 보는 것이 필자의 생각이다.

실평 30평일 경우 4,500~6,000만 원 정도가 투자가 되고 한 채가 두 채가 되면 실면적 기준 15평, 베란다 확장까지 한다면 실면적 20평대에 이를 것이므로 방3, 욕실2, 거실, 주방이 가능하다. 또는 실면적 10평씩 3세대로 실행할 경우 베란다 확장 포함, 실면적 13평의 경우 방2, 욕실, 거실, 주방 등 신혼부부가 사용 가능하므로 전·월세 수요에 있어 공급이 원활할 것으로 판단된다.

장기간 경기 침체로 인한 수요 불안이 증가하고 있어 고령층일수록 귀촌, 귀농을 선택하려는 인구가 꾸준히 증가하고 있다. 고령층 대다수는 자식 교육하고 결혼 시킨 후 남는 재산은 거의 집 한 채가 전부인 경우가 절반 이상으로 봐야 할 것이다. 젊어서는 자식교육과 직장 때문에 도시 생활을 해왔지만 자식 성장 후 고령에 직장도 없는 환경에 굳이 대도시 아파트 생활이 필요하지는 않다.

중·소도시 인근으로 귀촌을 할 경우 농토를 매입하지 않더라도 임대 농토를 구입하기 그리 어렵지 않다. 개인주택 건축의 경우에는 20평대이면 평당 500만 원 정도, 건축비용은 1억 원 정도에 농업용 창고 시설 등을 하더라도 건축비 포함 1억 원이 조금 넘는다. 위치에 따라 토지비는 평당 몇십만 원부터 개인능력에 따라 좋은 장소를 찾으면 된다. 총 2억 원을 넘지 않고 가능하다.

중요한 것은 현재 살고 있는 아파트가 매매되어야 위에 열거한 것처럼 제2의 인생설계를 한다는 것이다. 전·월세가 고공행진을 하는 까닭은 무엇인가 앞으로 집값이 더 내릴 거란 심리 불안 요인이 있기 때문이다.

대한민국의 주택수요는 100%대가 넘어섰다. 공급이 부족한 것이 아니라는 것이다. 결국에는 1~2인 가구 수요인 소형주택인데 소형주택을 신규 공급할 경우 대형아파트는 남아돌 수밖에 없다.

결국에는 가격 하락 쪽으로 더욱 심화될 것이다.

그렇다면 고령자 상당수 전 재산이 아파트 한 채인 입장에서는 마냥 주저앉아 있을 수밖에 없다는 결론이 아닌가. 필자는 소형 주택 신규 공급을 1기 신도시 5개 지역 대형아파트 인테리어리모델링에서 찾으라는 것이다. 소유자 입장에서도 상한가 시절을 기대하지 말아야 한다. 집값 폭등은 요원하기 때문이다. 집값이 상승하는 이유는 2가지 요인이 있다. 첫째는 수요보다 공급이 부족할 때이고 두 번째는 국가발전, 즉 성장률이 높으면 부동산이 앞서 상승한다.

그 외 상승과정은 특수한 지역 발전인데 공기업 이전, 대기업 생산시설 등이 들어설 때이다. 한국에 외국기업이 들어오기란 매우 어렵다고 봐야 한다. 중국을 비롯한 동남아, 러시아 국민들까지 100만 명이 넘는 외국 근로자가 와 있다. 무엇을 의미하는가. 집값 상승 기대가 없다는 것을 의미한다. 여기에다 신규 소형아파트를 계속 공급한다면 고령자 소유 대형아파트는 짐을 지고 있는 것이다.

지역의 상징성을
살리는 것이 관건

지역개발에 역사·문화 접목할 것

모 일간지에서 성남에 웰빙 보행로 관련 '도심형 둘레길 만든다 이매역~영장산 5㎞ 연내 시범 조성'이란 머리기시를 봤다. 마침 필자가 살고 있는 곳이다 보니 기사가 눈에 먼저 띄었던 것 같다.

내용인즉 경기도 성남시가 지하철역과 문화, 편의시설, 녹지를 연결하는 둘레길을 시 전역에 조성키로 했다는 내용이다. 둘레길은 기존 도시외곽 능선을 연결하는 등산로 주택지나 주변 야산을 잇는 생활권 등산로와 달리 대중교통으로 손쉽게 접근해 남녀노소 누구나 편안하게 걸을 수 있는 것이 특징이란다.

지하철역에서 내려 문화시설을 둘러보고 산림휴양을 즐긴 뒤 맛집을 찾을 수 있도록 개발 예정이다. 성남시에 따르면 올해 안에 분당선 이매역 2번 출구에서 영장산으로 연결되는 5㎞ 구간을 둘레길의 첫 시범 사례로 조성할 계획이다. 전철 2번 출구 바로 앞에 성남농업기술센터가 있고 100m 지점이 성남아트센터^{예술회관} 입구다.

시 관계자는 도심형 둘레길은 기존 등산로와 차별화된 새로운 개념의 웰빙 보행로라며 내년부터 다양한 코스를 개발해 시민 이용 편의를 확대할 계획이라고 했다.

필자가 왜 이 기사를 응용해서 독자들께 전하려는지 아래 내용을 읽다 보면 가슴에 와닿는 것이 있을 것이다. 필자는 부동산 전문가 입장에서 도시개발의 경우 단순 도시기능이 아닌 문화가 깃든 개발 방향을 주문하곤 했었다.

필자는 지역 청년회 부탁을 받고 위 지역에 대한 개발계획 지역 문화에 따른 기본기획안을 제공했다. 월산미술관 주최 미술전시회를 시작으로 문화거리 조성 기초를 시작한다고 전해 듣고 있다. 지역개발에 있어 그 지역이 갖는 역사는 매우 중요하다. 특히 이 지역은 옛 지명이 물방아골이라는 지명으로 불리었고 안말 등으로 작은 능선을 놓고 2개의 마을이 있었다.

현재도 원주민이 17가구 정도가 살고 있는 곳이다.

300년 전통의 시산제라고 하여 300년 전 이곳 물방아골에 살던 이무기가 훼방꾼에 의해 승천을 못 하자 마을에 불운이 오기 시작했다 하여 그때부터 마을 주민들은 이무기에 대한 위령제를 지내 마을의 액운을 풀었다는 전설이 있다. 매년 음력 9월 3일에는 안말, 물방아거리 원주민들이 모여 산 치성을 지내게 된 것이 마을의 문화 풍습으로 현재까지 남아 있다.

또 마을 뒷산인 영장산시의 웰빙 둘레길 시범사업지에서는 마을 어르신들과 지역민의 안녕과 번영을 비는 제사를 지내고 있다. 요란한 도시화 속에서 아직까지 문화 풍습으로 명맥을 잇고 있음이 흥미롭다. 필자는 이 지역을 300년 역사의 시산제를 살려서 시산페스티벌이라 명명한 시산문화 풍물거리 조성을 기획·제안하였다.

이매역 1, 2번 출구에서 영장산 방향으로 도로를 지역 중심으로 따라 약 2㎞까지 주말에는 전시회 및 노천음악제 등을 개최하므로 상시 문화를 접할 수 있는 지역문화거리 조성 사업이다.

청소년들의 놀이문화 부족에 따라 PC방 문화 등에 젖은 아이들을 밖으로 이끌어내어 건전하게 온 가족이 운동과 놀이문화와 이매동 역사·문화를 즐길 수 있다.

이 지역의 특징으로 성남아트센터예술회관, 300년 전통의 시산제와 5㎞ 달하는 웰빙 둘레길이 있는 셈이다. 또한 분당선 이매역이 2016년 9월 경강선 경기, 광주, 여주, 이매역에서 판교역, 강남역까지 5개 역밖에 되지 않으므로 교통 요충지며 판교 벤처벨

리 한 코스 위치이므로 IT산업 연구원들, 젊은 석학들이 모인 곳
이기에 우리의 전통문화와 잘 어우러지리라는 생각이 들었다. 퇴
근 후 잠시 문화거리 전시장에 들러 차를 마시며 우리의 옛 문화
를 한 번 생각게 하는 쉼터가 되길 기대해 본다.

시 관계자들께는 단순 웰빙 둘레길을 넘어 이 지역의 역사를 통
한 지역문화 축제의 거리를 기획해 보라고 주문한다.

이 지역뿐만 아니라 대한민국은 어느 지역이 되었건 그 지역이
가지고 있는 상징성을 찾아보라는 것이다.

지명의 유례, 그 지역의 역사적 인물, 그 외 특징을 잘 살려서
개발에 임한다면 지나는 곳마다 우리의 역사와 문화인 것이다.
지역민의 자긍심을 심어주게 되는 것이다.

저성장의 고리 끊고
새로운 성장동력 창출

하반기 경기회복 열쇠는 결국 서비스업을 키우고 부동산 시장을 살려야 한다는 것이 경제 부동산 관련 전문가들의 견해이다. 전문인 20여 명의 의견은 다음과 같다. 의료와 교육사업을 육성해서 세수를 늘려야 하고, 주택거래 활성화, 가계부채 대책 시급하다는 견해인데 한국경제 전반을 통틀어서 진단하는 것은 좋으나 문제를 얘기할 때는 구체적인 답을 제안해야 한다.

필자는 부동산 전문가로서 부동산 정책에 대안 제시를 주로 해왔다.

오늘 전문가 20여 명의 의견을 종합해 보면 다양한 의견인데 하나씩 짚어 보자. 현 정부가 하반기 주요과제로 꼽는 일자리 창출과 복지증대를 위해서는 두 가지 키워드를 통한 성장이 불가피하다는 조언이다. 전문가들은 수출 확대가 어려운 상황에서 서비스 산업을 중심으로 한 내수시장 확대가 경제 성장의 열쇠가 될 것으로 내다보고 있다.

서비스 산업이 저성장의 고리를 끊고 새로운 성장 동력을 창출할 수 있다는 것이다. 의료와 교육산업을 육성하면 세수가 늘어나 일자리도 만들고 복지정책도 실현할 수 있다고 말했다. 국제적으로는 미국의 양적완화 축소 등 대외 경제 환경의 위험요인이 점차 커지고 있다.

우리나라는 1997년 IMF, 2008년 미국발 금융위기 등을 거치면서 맷집을 키워 온 것이 오늘날 위험요소가 많은 아시아 신흥국들과는 사뭇 다르다는 것이 국제 전문가들의 판단이다. 전문가들의 견해는 상당부분 이해가 된다. 하지만 문제의 해답을 구체적으로 제시하지 못하고 있다는 것이다.

우선 서비스산업 육성을 설파하고 있지만 어떤 분야를 어떻게 육성해야 한다는 내용을 담고 있지 않다. 광범위한 서비스산업의 육성책을 좀 세밀한 관점에서 주문할 필요가 있다. 포괄적인 면만 늘어놓는다면 결국 문제만 던지고 답은 정부가 찾으라는 식이다.

필자는 부동산 정책만큼은 전문가 입장에서 정책 제안을 가감없이 제언하고 있고 설령 반영이 늦더라도 지속적으로 제언하므로 정부 정책의 힘이 될 것이다.

                                      땅 가진 거지 부자 만들기 II

오늘날 전문가 견해 속에서 서비스산업을 키우고 부동산 시장을 살려야 한다는 뜻인데 어떠한 방법으로 살려야 한다는 알맹이는 빠져 있다는 것이다. 내수시장 활성화를 일부 지적하고 있으나 전문가라면 누구나 느끼고 지적하는 부문이다. 결국 내수시장 활성화는 자금유통이 원활하게 돌아야 한다는 것이고 중산층이 무너진 상황에서 소비가 원활하게 이루어지겠는가이다.

1970년대 중반 무렵 박정희 대통령 신년담화에서 "국민들 돈 좀 쓰세요"라고 한 것을 필자는 기억한다. 당시 우리 민족은 가난 그 자체로만 살아왔기 때문에 오직 수입이 생기면 저축하는 것을 미덕으로 알고 살았을 때다. 수익이 있으면 어느 정도 소비를 해야 하는데 돈 쓰는 것을 모르는 민족이었다. 오죽하면 대통령께서 국민들 돈 좀 쓰라고 했겠는가. 소비 제품이 팔려야 공업이 발전하는 것이다. 작금의 현실은 상류 20%층은 천국의 삶을 살고 있다.

최하위 10%를 제외하면 70%가 하·중류층으로 느끼고 살고 있다. 미래가 불확실하다는 것이 불안감을 가중시키고 있다. 세계 최대 전자정부를 자랑한다. 지하자금 양성화 등에 있어 우리는 옛 성현들의 격언을 깊이 생각해 볼 필요가 있다.

물이 너무 맑으면 고기가 살 수 없다는 격언을 기억해야 한다. 비리나 부정을 저지르고 살자는 것이 아니다. 맑은 물속에 고기가 살 수 없는 원리는 무엇을 말하는가?

유년기, 성장기에는 교과서를 통해 이론을 배우지만 청년기, 성년이 되어 사회 속에 임하면 현실은 이론과 배치되는 것을 확인하면서 삶을 살아가게 되는 것이다. 부동산은 투자가 목적이 될 때 매매가 이루어진다는 것을 알았으면 한다. 수익이 보이지 않는다면 돈을 묶어둘 필요가 없지 않은가.

투기와 투자를 구분 지어 판단하고 정책 입안 과정에서 과거에 묶이지 말고 현 시점에서 앞을 보고 정책을 입안하길 기대한다.

주말 분양시장 구름 인파…
집 살까?

주택 시장 동향을 보면, 서울, 경기, 충남, 울산, 전남 등에서 모델하우스를 개장하고 주말을 맞아 특정 지역의 경우 845가구 분양에 2만 명 이상 몰려 북새통을 이루었다고 한다. 같은 날 공교롭게도 모 일간지에는 '강남 뱃살 이론도 옛말… 줄줄이 깨지는 부동산 투자 법칙'이란 제목의 대형기사가 실렸다. 뱃살론이란 애칭은 가장 먼저 오르고 가장 늦게 하락한다는 뜻이다.

현재 나타나는 구름 인파 현상은 무엇을 의미하는가. 필자는 오는 9~12월까지를 주택 매입의 적기라고 지적한 바 있다. 지역에 따라 조금은 다르겠지만 주택가격이 상한가 대비 60%대까지 하락했다고 본다.

토지비 산정 건축비 계산과 신규 분양가 등을 종합해보면 20% 정도가 반등의 여지가 있다고 전망했다. 취득세 감면을 영구적으로 적용한다는 정책도 반영되었을 것이다.

하필이면 23일 모델하우스가 오픈한 날에 '강남 뱃살 이론도 옛말'이란 보도가 동시에 있었다. 기사에 따르면 내년 초 결혼 예정인 직장인 이 모[29] 씨는 "전세난이 심각하다는 얘기를 들었지만 이 정도일 줄은 몰랐다. 예물 등을 최대한 줄이겠다."라고 벌써부터 신혼집을 구하느라 마음이 급하다고 했다.

양가 부모님의 도움을 받기로 해 자금에는 여유가 있지만 집을 살 생각은 없다. 집값이 얼마나 더 떨어질지 불안하기 때문이란다. 변화하는 주택 투자의 불문율인 강남불패 신화는 부동산 투자자들에게 오래된 믿음이었다.

그런데 글로벌 금융위기2008. 10. 이후 강남 3구의 아파트 매매 가격은 비 강남권보다 더 떨어진 상황이다. 투자대상 1순위였던 재건축 아파트라는 공식도 힘을 잃고 있다고 한다. 시세 차액에 대한 기대감이 줄고 실수요자 중심으로 시장이 재편되면서 투자 수요를 바탕으로 한 예전의 투자 공식들이 깨지고 있다는 것이다. 전세 관련 투자공식도 줄줄이 깨져 있다. 전세시장으로만 쏠리는 수요도 투자 법칙들을 바꿔 놓고 있다. 전세가율매매가 대비 전세금의 비율이 60%에 육박하면 집값이 오르고 거래가 활기를 띤다는 전세가율 60% 법칙은 대표적 투자 상식이었지만 이젠 틀린 말이 되고 있다.

필자는 여러 형태로 진단을 해 왔다. 왜 이처럼 기존 공식으로 통하던 불문율이 맞지 않게 되고 있는가. 같은 내용이지만 다시 한번 짚어보겠다. 수요와 공급에 균형이 맞지 않을 때 상승과 하락을 하는 것이다.

공급을 요하되 수급이 되지 않을 경우 상승할 수밖에 없다. 또한 국가발전 속도 상승에 영향을 크게 받는다. 경제성장 5%대면 부동산 시장은 10%대로 상승하게 되어 있다. 일본의 지난 과거와 오늘날의 중국을 보면 잘 판단이 될 것이다. 현재 대한민국 주택시장은 변화의 시기이다. 복합주택이 30년 이상 주도해 왔다.

상류층일수록 개인 단독주택 쪽으로 방향이 서서히 변화하고 있다는 것을 좌시해서는 안 된다. 대한민국 경제성장은 저성장시대에 와 있다. 주택보급율이 100%대 넘어섰고 결국에는 실소유자 위주로 재편된 것을 알아야 한다는 것이다. 과감한 정책이 제시되지 않고는 결코 부동산 시장 회복을 기대할 수 없다. 취득세 하향감면 영구조치가 투자심리로 갈지는 의문을 가지고 지켜볼 일이다. 주택은 단순주거 쉼터이기 전에 문화공간임을 직시해야 된다.

자산으로 보아 각종 세금이 부과되어서는 안 된다는 것이다. 또다시 제안하지만 양도세 50% 정도 인하 조치가 가장 시급함을 인지하기 바란다. 기존 아파트 경우 반등의 소지가 20%대 있다고 본다면 전세 수요가 매매 쪽으로 돌아설 것이다. 전체 부동산 시장을 판단해서 토지시장 취득세 인하와 양도세 인하 등도 빠른 조치가 급선무이다. 일시적 투기 조짐이 있더라도 시장원리에 맡겨두는 것이 옳을 것이다.

수익이 없는데 투자를 하겠는가! 대한민국 중산층의 경우 정부 수치가 아닌 감성에서 보아야 한다. 직장인들 기준에서 연봉 얼마 이상 등, 이것은 수치일 뿐 자영업자 대부분 중산층으로 분리되었으나 지금은 자영업자는 모두 망한다는 관념에 빠져 있다. 살고 있는 주택이 5~6억 원 정도에 상가 3억 원 정도, 토지 500~1,000평 정도의 시가 3~5억 원까지 작든 크든 우리네 중산층은 연소득을 떠나 위에 열거한 것이 정서이다.

주택가격은 심리적으로 반 토막 났고 상가는 애물단지로 전락했다.

토지시장은 아직도 시베리아 벌판이다. 무슨 희망이 있겠는가? 토지시장을 풀어주라는 것은 묵혀둔 자산을 움직여주면 소비시장으로 연결되기 때문이다. 결국 세수확보의 빠른 길을 여는 것이다. 필자가 반복하여 주문할 수 있는 이유는 수십 년 동안 경험에서 판단할 수 있기 때문이다. 독자들께서 필자의 칼럼 첫 회부터 확인하면 알 수 있을 것이다. 정책 제안을 얼마나 정확히 해 왔는지를 말이다. 특단의 조치가 아닌 이상 더욱 수렁으로 빠지게 된다는 것을 알았으면 한다.

　　　　　　　　　　땅 가진 거지 부자 만들기 Ⅱ

도시형 실버타운보다는 전원형 실버타운이 바람직

우리나라는 고령 인구가 급속도로 증가하고 있다. 때문에 노후 대책에 대한 국가 차원의 제도 마련이 필요한 상황이며, 이에 앞서 개개인의 노후 준비가 우선순위가 되어야 할 것이다. 실상 우리 국민 다수는 노후 준비를 제대로 하지 못한 채 노후를 맞고 있다. 평균 30대 초에 결혼한다고 가정하면, 40대~50대까지는 주택마련 및 자녀교육에 쏟게 되고, 그러다 보면 은퇴 후 60대부터의 삶에 대한 금전적 준비는 하지 못하게 된다.

60대 이후 고령인구의 25% 정도만이 15~20년 정도 수입이 없어도 생활할 수 있을 정도다. 이를 제외한 50% 이상은 평균 80세에서 90세까지 삶에 대한 대책이 없다. 고령인구 75%는 아예 재취업을 하지 않을 경우 최저생계비[정부] 지원 없이는 현실적 삶이 어렵다. 이처럼 우리의 미래는 불안 그 자체인 것이다. 위에서 열거한 부분은 뒤에서 다시 짚어 보기로 하고 현재 우리나라 실버타운 실태에 대하여 좀 짚어 보려고 한다.

실버타운은 크게 도시형 실버타운과 전원형 실버타운으로 구분된다. 일단 도시형 실버타운의 경우를 살펴보면, 바람직한 구조는 아니라고 지적하고 싶다. 일례로 수도권 內에 대한민국 최고의 고령자 주거 문화란 말까지 나오는 곳이 있다. 모 증권사 대표이사를 지낸 부부가 입주한 곳인데, 이들을 통해 수회에 걸쳐 대한민국 최고라는 실버타운을 관찰할 수 있었다. 그러나 필자가 봤을 때는 대한민국 고령자 10% 이내만 입주가 가능하다는 판단이 들었다.

최대 45평대는 보증금이 10억 원대에 가까웠다. 월 1인 150만 원대에 생활비가 지출된다고 보면, 부부일 경우 월 300만 원대의 지출을 하게 되는 셈이다. 그런데도 실제 생활공간으로는 일반 아파트 절반 수준이었다.

필자는 도시형 실버타운의 환경에 쓴웃음을 짓고 말았다. 몇 가지 문제점을 지적하고 싶다. 첫째 고령자^{노인} 천국이었다. 대한민국의 생활문화가 상당히 바뀐 것은 사실이지만 가족중심의 문화가 아니었던가.

환경은 매우 좋은 게 사실이다. 넓은 정원이 있고, 1층 안내실을 제외하면 호텔 커피숍과 같은 분위기였다. 여기에 하얀 가운을 입은 의사와 간호사가 왔다 갔다 하는 등 자체 병·의원 시설을 갖추고 있는 듯 했다.

둘째, 식사 때가 되면 방문자도 같이 식사를 할 수 있다고 해서, 엘리베이터를 타고 4층으로 올라가니 뷔페 식당으로 꾸며져 있었다. 또 90% 이상이 채식으로 차려져 있었다. 필자 생각에는 사람이 체질에 따라 육식을 더 좋아하는 사람도 있고 생선을 즐기는 사람도 있다고 본다. 그런데 무슨 식단이 채식단으로만 꾸며져 있을까 싶어 담당자에게 "요일별로 육식이 나옵니까"라는 질문을 해 봤다. 이에 고령이 되면 채식을 하는 것이 몸에 좋다는 대답을 들을 수 있었다. 과연 그런지? 의문이다.

셋째, 젊은이들을 볼 수가 없었다. 평일이라 그런지 몰라도 자녀로 보이는 몇 사람 정도의 젊은이들만 볼 수 있었다. 엘리베이터는 1분 30초 가량 열렸다 닫혔는데, 이는 고령자들의 움직임이 둔한 것에 대한 배려인 듯했다. 한마디로 다른 세계 죽은 도시와 같았다. 필자는 초대해주신 분께 권장을 한 가지 했다. 실버타운 입구가 워낙 크고, 관리도 잘되어 있으며 시설이 잘되어 있음을 보았기에 운영책임자에게 제안을 한 번 해 보시라고 하였다.

낮은 보육료를 받는 사설 유치원을 개설한다면 꽃보다 아름다운 어린아이들과 젊은 엄마들이 정원에서 모임도 가질 테고, 자연스럽게 아이들과 젊은이, 고령자가 어울릴 수 있다는 제안이었다.

이후 1년이 지나 또 한 번 초대를 받게 됐는데, 필자가 권장했던 모습들을 볼 수 있었고, 고령자노인들 얼굴도 한층 밝아 보였다.

필자는 도시형 실버타운보다 전원형 실버타운을 권장하고 싶다. 특정 기업들이 운영하는 실버타운이라고 해서, 만족스러운 것은 아닌 듯하다. 이보다는 평소 가깝게 지냈던 친구, 친척 등과 함께 도시 인근의 전원형 실버타운을 만드는 걸 권장한다. 작게는 몇 세대, 많게는 10여 세대 이상 집단 귀촌 형태로 약간의 농토를 가꾸면서 생활한다면 자녀들이 주말을 이용해 손자, 손녀들과 함께 쉼터를 찾을 것이다. 또 직장이 있는 분들은 주말에 전원생활을 하는 소집단 형태의 귀농을 펼칠 수 있다.

지역 농협에서 비료, 퇴비거름 등을 50% 가격에 공급하므로 건강한 삶을 살아갈 수 있다는 얘기다. 따라서 60대 이후 재취업으로 전원형 실버타운을 꿈꿔보시기 바란다. 생각이 앞서면 투자인 것이다. 지금까지 실버타운은 일반인들 주거문화와는 완전히 다른 생활문화였다. 하지만 대한민국 고유문화 중심의 노년을 보냄이 진정 가족문화가 아니겠는가?

자연과 국악이 함께하는 실버타운 체험기

경기도 광주시 초월읍 무갑산 중턱에 필자 친구가 개발 중인 새로운 모델의 노후 생활설계를 한 번 살펴보자. 필자 친구는 외적으로는 건설업 사업가이다. 내면이 독특한 친구인데 예술을 좋아해서 국립국악원 후원회장을 다년간 맡고 있기도 하다.

5~6년 전부터 무갑산 계곡을 중심으로 100,000㎡ 3만 평 크기에 대형 야산을 취득 후 별장 본채와 별채를 짓고 다도茶를 즐기며 주말 휴식공간으로 사용하고 있었는데 가끔은 지인들을 초대하여 파티도 하곤 했다.

최근에는 국악원 단원들이 연습실로 사용하기도 하고 있어 참 좋다는 생각이 들었다. 깊은 산속에 계곡이 있어 맑은 물이 흐르고 수족관 같은 연못을 만들어 계곡 흐르는 물에 잉어가 노니는 모습은 일반 별장과는 차원이 다른 신선이 노니는 곳이다. 돌담을 입구부터 내부까지 쌓아 올려 유난히 눈에 띄기도 한다. 관리인 혼자 관리하기는 어려울 정도로 큰 규모이다.

사업가이면서 예술을 좋아하고 도자기, 미술품을 수집하여 개인 박물관을 소장하기도 하고 참으로 다양한 취미를 가진 친구이다. 얼마 전에 별장에 방문했다가 별장 위쪽에 건물을 짓고 있어 무엇 때문에 추가건물을 건축하는가 물었더니 웃으며 필자더러 여기와 함께 살자고 하는 것이다. 친구 말이 새로 실버타운을 기획하고 건축을 시작했다는 것이다.

내용인즉 1개동 건물에 10세대를 입주케 하는데 중앙홀은 공동으로 사용하고 각자 실사용 면적이 10평 정도라고 한다. 방·거실·욕실은 부부가 사용할 수 있게끔 시설을 하고 식사는 그곳에서 재배한 무공해 야채 및 각종 효소 등 공용으로 식사를 준비한다고 한다. 원할 시 입주자에게 주말농장으로 농지를 무료로 배분해 주기도 한다. 여느 실버타운과 다른 점은 자연 친화적이면서 월 렌탈 비용이 저렴하다는 데 있다.

별도의 시설로는 별장 본체에 국립국악원 안무지도자를 비롯해서 단원들과 연습생 등이 숙식을 하면서 수업·연습하기 때문에 주 1회 정도 공연을 기획하고 있으며 식사 시간은 국악원 단원들과 연습생들이 함께 공유하고 부모와 자식 손녀가 같이 하나의 공간에서 교감을 가진다는 것이다. 젊은이들에게는 어르신들과 함께하므로 예법을 자연스럽게 익힐 수 있어 예절교육이 되는 것이고 어른들께서는 젊은이들과 함께하므로 적적함이 없을 것이다.

서울 강남권에서 승용차 30~40분대의 도심 생활권이므로 출·퇴근이 가능한 장점이 있다. 1인 기준 보증금 3천 5백만 원, 월 150만원 사용료만 지불하면 좋은 환경에서 타운 사용이 가능하다. 부부 2인 경우에는 보증금 7천만 원, 월 250만 원이다. 병원도 연계되어 있어 즉시 수송이 가능하므로 기존 실버타운에 비해 저렴하면서 환경이 좋은 시설 속에 노후를 보낼 수 있다.

무엇보다 필자가 수도권 대기업이 운영한다는 실버타운을 소개하면서 비평한 바 있다. 높은 가격에 비해 죽은 도시의 느낌이 맘에 걸렸으며 도통 젊은이들을 볼 수 없었다. 하지만 친구가 기획하는 곳은 예술을 하는 젊은이들과 함께 공유하며 자녀들이나 친·인척들이 가까운 거리에 있어 언제든 방문이 자유로우며 손자·손녀들에게도 계곡 속의 자연을 느끼게 할 수 있다는 점에서 차별화를 느낄 수 있었다.

독자들도 한번 들러 보았으면 한다. 필자도 사단법인 남·북 통일예술인협회 산하 평양민속예술단 후원회장을 맡고 있어 고정된 예술극장을 마련하는 것이 꿈인데 친구는 별장을 활용해서 연습과 함께 실전 연습까지 할 수 있는 기획을 하므로 필자는 배울 점이 많았다.

타운하우스란?

개인 단독주택과 집단 공동주택의 자연 친화적 결합

필자가 지인이 건축한 타운하우스 현장을 직접 방문하고 느낀 점을 독자들에게 전하고자 한다. 타운하우스란 말을 많이 들었을 것이다. 또한 독자들 중에는 타운하우스에 살고 있는 분들도 있으리라. 필자는 오랜 경험을 바탕으로 독자들에게 노하우를 전달하려 한다. 타운하우스란 개인 단독주택과 집단 공동주택을 결합했다고 볼 수 있다. 건축양식은 유럽형이다. 필자가 소개하려는 타운하우스는 경기도 광주시 오포읍 일대에 총 14가구가 건축되었고 1차 10가구는 입주가 되어 주민들이 좋은 환경에 살고 있다.

먼저 설계자부터 그의 이력을 소개한다. 뉴욕주 등록 건축사이며 (주)애이아이아키텍스 대표 박진이다. MIT 공대 건축학 석사이며 주요 프로젝트는 N-서울타워, 제주 CJ 나인브릿지 골프 클럽하우스 & 콘도, 강릉 메이플비치 골프리조트 클럽하우스 & 호텔 등등으로 박진 대표이사는 대기업 연수원 등을 설계한 건축, 인테리어 분야 거장이라 할 수 있다. 박진 대표이사가 직접 설계 및 시공을 했다고 하여 현장 방문을 통해 건축 공법 등을 면밀히 검토했다. 역시 거장다운 설계와 인테리어가 매우 돋보였다. 인 터넷 웹사이트에 들어가 보면 마인드하임 타운하우스의 옥내·외 현황을 자세히 소개해 놓았다.

타운하우스 개념부터 알아보자. 우리의 주거문화는 필자가 여러 차례 짚었지만 1950년대부터 1970년, 1980년, 21세기 현재까지 큰 변화가 있었다. 단독주택에서 1990년대 들어서면서 소위 200만 호 건설을 시작으로 집단주거 문화인 아파트, 빌라, 단독주택 등과 합류했다. 여기에 최근 들어 타운하우스란 명명하에 새로운 주거문화가 등장한 것이다. 마인드 하임 타운하우스의 경우에는 자연 속 공간예술로 총 세대수가 14세대이다.

개인단독 주택의 경우는 담장으로 둘러싸여 있어 이웃과 접근이 불가하다. 한마디로 나홀로 별장인 것이다. 이웃과 소통을 가능케 하는 단독주택이면서 소집단 주거 타운이 타운하우스이다. 비교적 교통이 좋으면서 산속에 하천이 흐르고 도로 하천 쪽으로 10세대가 입주를 했고 중앙도로 반대쪽인 산 쪽으로 2차 4세대가 건축이 되었다. 무엇보다 분당에서 승용차 10분 거리이며 마을버스가 타운하우스 입구까지 노선이 연결되어 있고 광주시이면서도 학군이 분당으로 편입이 되어 있어 학생이 있는 경우에도 문제가 없음을 확인했다.

　건축 공법은 자연 친화적으로 건축되었으며 냉방의 경우 새로운 공법인 복사냉난방 시스템으로 설계되어 있다. 한국의 전통 난방방식은 바닥에 온돌을 깔아서 난방을 하는데 이를 복사난방이라고 한다. 이 방식이 인체에 가장 쾌적하고 건강에 좋은 시스템으로 판명되어 이제는 유럽 각국에서도 이 복사방식을 채택하고 있는 추세이다. 여기에 착안하여 냉방 방식을 복사 시스템으로 개발하였는데 방바닥과 천장에 냉방코일을 설치하여 냉방 시스템을 개발한 것을 마인드하임 타운하우스에 시범적으로 시설을 하였다. 에어컨 바람에 의한 대류방식은 인체에 좋지 않은 영향을 미치는 데 반해 이 방식은 벽 자체가 차가워지기 때문에 여름에 동굴 속에 들어간 느낌이어서 매우 쾌적하다. 여기에 제습 시스템을 접목시켰기 때문에 마치 냉장고 안에 들어간 느낌을 준다.

　건축이 예술이라는 말을 필자는 실감하지 않을 수 없다. 칼럼을 집필하다 보니 아무래도 독자보다 많이 보고 들을 수밖에 없다. 마인드 하임 타운하우스는 정통유럽 건축양식에서 한국적 정서를 가미한 것이 특징으로 살고 싶은 집이 틀림없다.

　필자는 아내와 함께 방문을 했었는데 필자 가족은 분당선 이매역 인근에 살고 있어 교통이 좋다는 생각을 하고 살았는데 필자 아내가 우리가 이사 왔으면 좋겠다고 감탄을 한다. 독자분들께서

　　　　　　　　　　　　땅 가진 거지 부자 만들기 II

도 한번 방문하시어 주거 문화의 새로운 모델을 한번 감상하시기 바란다. 앞으로 주거 문화는 집단 주거APT가 아닌 개인 단독주택으로 변화할 것을 예고했었다. 소규모 타운하우스의 경우 이웃과 소통도 하면서 개인주택인 것이다.

건축에 비해 가격도 매우 저렴했다. 대지 면적이 75평 건축, 1~3층 80평 정도인데 8억 원대 가격이다. 분당 아파트 40평대 가격에 유럽풍의 고급스런 개인주택 마련의 기회를 한 번쯤 생각해볼 필요가 있다. 2층 테라스에 잔디밭을 꾸며 놓았는데 필자는 야채 텃밭으로 사용하라고 권하고 싶다.

필자가 살고 있는 집의 텃밭 10여 평에 야채를 심어 봄부터 가을까지는 야채를 거의 사 먹지 않고 있다. 고추 20포기가 늘 남아서 방문객에게 한 봉투씩 주고 있다. 들깻잎을 비롯해서 토마토, 가지, 상추, 파, 부추, 호박, 오이 등 사 먹을 일이 거의 없다. 무공해이며 신선한 채소를 공급받을 수 있으며 덤으로 건강도 얻어 갈 수 있으니 그 또한 즐거움이 2배가 되지 않을까 필자는 생각해 본다.

친환경 전원주택 둘러보기

필자는 경기도 화성시 서신면 궁평항에 들렀다가 항구 인접한 곳에 전원마을이 형성되고 있어 방문하고 주변을 돌아보았다.

아름다운 소나무 숲이 병풍처럼 둘러쳐 있는 곳에 담장이 없는 개인 주택들이 타운하우스 형태로 10여 세대가 입주자를 기다리고 있고 2차 부지가 조성 중에 있었다.

타운명은 '궁평 그린빌리지'이다. 사업자 (주)빌하우징 박노양 사장으로부터 건축공법을 비롯해서 지역 현황 등을 살펴보았다.

먼저 건축공법의 특징은 개인주택 매입자들이 주문을 해올 경우 상의하여 주문 주택을 건축하기도 한다.

현재 준공을 앞두고 있는 단층 1층 주택인데 대지 162평에 건평 30평에 현관 입구 왼쪽으로 방이 하나 있고 중앙 왼쪽이 주방이면서 중앙 전부인 약 18평 정도 거실로 만들어지고 맨 끝쪽에 방 하나가 있으며 주방 끝으로 다용도실이 있어 매우 특이하다는 생각이 들었다.

일반주택의 경우 건평이 30평이면 방 3개, 거실, 주방, 욕실 2개를 기준으로 시설을 한다. 하지만 이 주택의 경우는 방2, 욕실2, 주방, 다용도실로 되어있다. 거실을 일반주택에 비해 배 이상 크게 만들었다는 것이 특이하다. 집주인은 만나지 못해 왜 거실을 이렇게 크게 만들었는지 확인은 못 했다. 개인주택의 장점이다. 내가 원하는 형태로 건축이 가능하기 때문이다.

이곳 주택타운의 또 다른 특징은 모든 주택에 태양열 전기와 지하 땅속의 열을 이용하는 지열난방시스템 방식을 택하고 있다.

먼저 태양열에 대하여 확인한 바 모줄 열판을 이용하여 반도체를 통해 전기를 생산한다. 그런데 DC 전기 인버터의 일종인 밧데리를 통해 AC로 바꾸어 주고 낮에 태양을 이용하여 생산된 전기를 한전에 보내고 저녁에 사용하므로 전기요금이 매월 3,000~4,000원 정도밖에 들지 않는다고 한다.

매년 여름철이면 전기사용량이 문제가 되고 있고 공공기관에는 아예 에어컨 사용을 금하고 있는 때에 전기를 맘 놓고 쓸 수 있다고 하니 개인단독 주택에서만 가능한 것이다. 또한 지열을 활용하는 내용을 알아보았다. 지하 150m 물을 파이프라인을 통해 끌어올리고 섭씨 약 15도 정도로 미지근한 이 물을 히트펌프를 통해 물을 순환시키면서 압축을 통해 섭씨 약 60도까지 올려서 바닥을 돌게하여 사철 더운 물을 사용하고도 난방 요금을 최소화할 수 있는 기술을 접목한 것이다. 가장 비용이 많이 드는 것이 냉·난방 요금인데 1석 3조인 것이다.

필자는 앞으로 주택문화의 변화가 개인 단독주택 및 소규모 타운하우스 쪽을 선호할 것을 예측하고 있다. 궁평 그린빌리지 주택의 특징은 설명이 되었고 주변 환경을 알아보았다. 바로 인접 3㎞ 거리에 궁평항이 있어 서해바다 생선을 수급할 수 있고 서쪽 바다라 화성팔경 중 하나인 궁평낙조의 해가 바다로 넘어 가는 풍경은 가히 아름다움의 극치이다. 600만 평에 달하는 화성호수를 비롯 매향리 국제평화공원이 조성 중에 있고 독자들께 잘 알려진 제부도를 비롯 국립자연사박물관과 송산그린시티 전곡요트국제항 등 유니버설 스튜디오가 현재 개발 중에 있다. 교통편도 버스가 15분 간격으로 수원역까지 연결되고 있다.

귀촌을 원하는 독자들은 꼭 한 번 현장을 보시라고 권하고 싶다. 젊은 부부들에게는 주말을 이용해서 아이들과 2박 3일간 세컨드하우스 개념으로 사용해도 좋다.

작게는 대지 120평, 건평 25평 정도가 2억 원대, 크게는 대지

  땅 가진 거지 부자 만들기 Ⅱ

300평 건평 50평 2층으로 5억 원대이다. (주)빌하우징 박노양 사장은 3차 사업으로 대지 70~80평, 건평 20평 규모에 1억 원대 세컨하우스를 기획하고 있다고 해서 필자도 매우 좋다는 생각이 들었다. 대지가 70~80평 정도면 건물 20평 정원을 20평 정도 예쁘게 꾸미고 30평 정도는 야채 밭으로 가구어 10여 가지 작물을 가꾸어 수급할 수 있다.

청소년 아이들에게도 자연 교육이 되고 무공해 식품을 수급하는 게 아니겠는가. 이곳은 도시와 농촌, 어촌이 함께 어우러진 자연 친화적인 복합도시이다. 귀촌을 준비하는 분들이나 젊은 독자들도 한번 방문하여 보기 바란다.

철거 확인서 활용법의 예

　필자는 독자들께 다양한 부분을 이해 설명하려고 한다. 이번 칼럼은 독자들께서 조금은 생소한 내용일 수 있다. 하지만 필자가 이해를 돕고 나면 아 그렇구나, 감탄이 나올 것이다. 승용차를 타고 길을 지나다 보면 경치 좋고 산세가 수려한 가운데 잘 지어진 별장을 보았을 것이다.

　일반적으로 산림녹화가 잘된 곳은 산림훼손이 불가하고 집을 지을 수 없다. 한마디로 관할 관청으로부터 허가를 낼 수 없다. 그런데 아름다운 별장 주인은 도대체 무슨 연고로 아름다운 곳에 집을 지었는가?

　필자의 가까운 지인 중에 젊어서 경찰 고위 공무원을 지냈고 10여 년 전부터 강남에서 부동산 중개업을 하는 사람이 있다.

　　　　　　　　　　　땅 가진 거지 부자 만들기 Ⅱ

성남시 수정구 금토동과 서울특별시 서초구 서초동 경계지점 보전녹지녹화보존 지역에 별장을 지었다. 2003년경 별장주께서 그 토지를 모 방송국 근무하는 분께 매도를 했었다. 매입했던 분이 주택 허가를 받으려고 시·구청에 확인한 결과 허가 불가한 토지라는 것을 확인하고 토지를 잘못 중개하였다고 지역민들에게 소문을 내어 필자 지인에게 매우 곤란을 끼쳤다.

1999년~2000년경 성남대로 확장공사로 인한 수정구 태평동 일대 주상 복합 건물들이 대거 철거가 되면서 지자체, 성남시장 명의로 철거확인서가 발행된다. 물론 1990년 초 분당신도시 건설 과정에도 용마루 딱지가 발행되었다. 법률용어상 철거확인서라고 한다. 하지만 부동산 관계인들에게는 일명 용마루 딱지라고 불리고 있다. 높은 고개 꼭대기를 가리켜 용마루 고개라고 하듯이 철거확인서가 가지고 있는 힘을 의미하는 것이다.

2000년 초 철거 확인서가 1매 가격이 5,000~6,000만 원 선에 거래가 시작되었는데 최근에는 5억 이상 가격이 형성되어 있다. 일반적으로 허가를 득할 수 없는 경관이 수려한 보전녹지에도 허가를 취득할 수 있기 때문이다. 필자의 지인도 일명 용마루 딱지를 활용하여 별장을 지었던 것이다.

그 토지를 매입했다가 되물린 분은 기가 막힐 노릇이 아닌가. 본인이 허가를 내려고 할 때 불가해서 토지를 되물린 것인데 거기다 아름다운 별장을 지었으니 말이다. 필자의 지인은 지금까지도 용마루 딱지철거 확인서 활용을 말하고 있지 않다.

일반인들은 필자 지인이 매우 능력이 뛰어난 사람으로 알고 있을 뿐이다.

독자들께서도 매우 생소한 언어일 수 있다. 하지만 지자체마다 공공적으로 부득이 주택, 건물을 철거하는 경우가 있다. 도로확장을 비롯해서 특정 지역을 개발하기 위해서 지자체장 명의로 철거 확인서를 발행해 준다.
발행자 명의로 개발행위허가 취득 후 명의를 변경하고 건축 준공을 하면 된다. 일반 부동산에서는 취급을 거의 안 한다. 수요자는 많은 반면 용마루 딱지는 귀하기 때문이다. 입소문으로만 거래가 되곤 한다.

철거 확인서를 발행 받을 수 있는 것은 지자체에서 공적으로 철거를 할 경우 실제 시세보다 가격이 낮게 측정되기 때문이다. 대략 시세대비 70~80% 선에 가격을 주기 때문에 용마루 딱지를 발행하여 보전 차원에서 혜택을 주는 것이다. 참고하기 바란다.

고가의 전세주택에도
세금 부과해야 한다

필자는 지난 3회 차에 걸쳐 실사례 중심으로 집필하였다. 이번 칼럼은 취득세 영구 인하 검토 등 일련의 부동산 관련 정부 대책안 중 몇 가지 보완할 필요가 있는 부분에 대해 독자들과 함께 생각해 보고자 한다.

현 정부 방침은 부동산 취득세 현행 9억 이하 2%, 9억 원 이상 4% 대를 절반 정도 내리려는 판단인 듯하다. 지방세 대책의 일환으로 부가세 현행 10%를 15%로 상향하고 보유세 등을 올려서 지방정부 세수를 보전하겠다는 의지인 듯 보인다.

아직 결정된 것은 아니지만 우선 보유세 문제부터 짚어 보자. 주택 소유가 재산개념의 자산으로 평가되었고 국민들 역시 자산 재산 개념으로 여겨온 것이 사실이다. 그런데 주택매입자 수요보다 전세 수요가 계속 증가하고 있다. 지역에 따라 다르겠지만 매매가 대비 70~80%까지 올라 있는 지역도 있다. 그 이유가 뭔지를 정확히 파악하지 못하고 정책을 만들면 또다시 정책 후 보완이 계속될 것이다.

국민들은 왜 전세를 선호하는가?

첫째, 주택이 자산재산 개념에서 멀어졌기 때문이다. 우선 투자 대비 시세가 상승하지 않는다는 것이다.

둘째, 세금공화국이란 말이 최근 유행하고 있다. 주택 보유에 따른 각종 세금을 두고 하는 말이다. 보유세를 비롯해 재산세, 각종 보험료 등 그렇다면 굳이 주택 보유에 필요성이 있겠는가?

셋째, 전세입자와 자가 주택 보유자를 비교해보자. 독자들께서도 생각해 보기 바란다. 강남 A 아파트 경우 40평대가 전세 10억 원을 넘고 있다. 이들에게는 위에서 열거한 것처럼 세금이 전혀 없다. 그렇지만 자가 주택자와 같이 편하게 지낸다. 그런데 강북에서 50평대 아파트가 내 집일 경우 가격은 7억~9억 원대이다. 1년에 지불하는 세금과 각종 보험료 포함하면 수백 만 원이 넘는다. 과연 내 집 마련이 필요하겠는가?

그렇다면 고가의 전세주택에 대한 세금을 부과하는 방법은 어떨까 권유해본다. 2억~3억 원대 서민 전세는 제외하더라도 상당한 재산 보유자가 고가의 전세를 살면서 각종 세금에서 제외되어 혜택을 누리는 것은 옳지 않다. 이번 세제 개편에서 심도 있게 판단할 일이다.

또한 취득세뿐만 아니라 양도세 대폭 완화가 거래 활성에 더욱 중요하다는 점을 간과해서는 안 된다. 전국 부동산시장 경기 활성화에도 세금 문제를 넘어 토지시장이 활성화돼야 한다. 취득세뿐만이 아니라 양도세 대폭 완화가 절실하다. 결국은 부동산시장이 활성화되어야 시장경제가 살아나고 중앙정부를 비롯해서 지방정부 세수에도 힘이 되는 것이다.

다시 한번 짚어 보겠다. 이번 칼럼에서는 고가의 전세입자들에게 어떻게 세금부과를 할 것인지를 검토했으면 한다. 유독 세금이 자가주택 가격 기준에 초점을 맞추고 있음을 볼 때 수억 원씩 투자를 해서 주택 구입을 했는데 가격상승은 안 되는데 유독 세금만 내야 한다면 누구도 아니 필자부터 고가의 전세를 선호할 수밖에 없다. 정부의 이번 부동산 정책 방향이 심도 있게 개선되길 기대해 본다.

고가의 전세입자 세금 부담은 형평성 문제

　필자는 정부가 부동산 세제 개편에서 하나를 놓치고 있다고 지적한 바 있다. 자가주택에는 각종 세금이 부과되는데 고가의 전세입자에게도 세금을 부과하는 것이 조세형평이 바람직하지 않겠는가? 의견을 제시한 바 있다. 게시판 댓글 관련 세제 문제에 대한 독자들의 다양한 의견을 보고 다시 한번 필자의 의견을 제시한다.

　1980년대 부동산 시장이 붐을 이룰 때 국민 전체가 부동산 투자에 뛰어들었다. 서민들은 하다못해 재개발 세입자에게 발행한 건물 철거 확인서, 일명 딱지까지 기백만 원서부터 2,000~3,000만 원에 이르기까지 온통 투기가 뭔지도 모르고 너도나도 주택을 구입하려고 했고 정부 정책 또한 국가발전에 걸맞게 서민용 공공임대 주택을 비롯, 사기업까지도 주택건설 붐을 이루어 온 것이다.

그렇게 전 국토의 토지까지 가격이 폭등하는 과정에서 지나친 소득원이 발생되므로 결국 투기라는 결론에 이른다. 크게 보면 투기는 정책에 문제가 있었다고 봐야 한다. 사전투기 방지책을 만들지 않고 개발 계획이 수립되어있는 상태에서 결국 공기업과 대기업에게 엄청난 수익이 만들어지고 나면 일반부동산을 통해 발 빠른 국민들이 참여하는 형국이었다. 일반 국민들이 대거 투자에 몰입된 상황에서 규제법들이 발의되곤 했다.

사전에 법안이 발의되었다면 투기가 아닌 투자 쪽으로 자연스런 유도가 되었을 것이다. 그런데 문제가 발생되면 규제 법안이 만들어지고 그 후유증은 지금까지 나타나고 있다.

국회 장관 청문회를 보고 있노라면 위장전입, 좋은 학군을 비롯해 미등기전매, 사전정보 입수에 의한 투기목적 투자 등 고위급 후보자 중 상당수가 문제가 되고 있다.

국민 전체가 도덕 불감증을 가지고 있는 듯 내몰린다. 극한 표현 중에 고양이에게 생선을 맡기지 말라는 격언이 있다. 무슨 뜻인가. 상황을 만들지 말라는 것이다. 돈이 눈앞에 보이는데 성인군자가 아닌 다음에야 눈길이 가는 것이 당연한 것이다. 지금의 부동산 시장은 절벽으로 내몰려 있다. 반복하지만 병자의 비유를 한다면 중증환자이다.

수술을 해야 하는 환자를 두고 약물치료만 하고 있는 격이다. 결국은 병을 더욱 악화시키는 결과이다. 수술이 위험은 따르겠지만 방법이 둘이 아니라면 선택의 여지가 없지 않은가?

이제 국민들은 높은 상승을 기대하지 않는다. 수요와 공급이 과부화인 지금 특별한 호재 또한 존재하지 않는다.

중요한 것은 거래량이다. 많은 거래가 이루어져야 시장에 자금이 돌고 그 자금은 또다시 투자로 이어지게 된다. 현 정부 정책에서 수도권을 비롯한 지방산업단지 증설에 있어 큰 폭의 규제완화 정책은 대단히 환영할 만하다. 그것이 수술인 것이다. 일시적인 취득 감면으로 시장을 살리는 것은 한계란 얘기다.

소비자는 투자 대비 일정수익이 난다는 생각이 들어야 투자를 한다. 일정 기한을 정해서라도 주택뿐 아니라 토지시장에도 양도세를 획기적으로 낮추어 주면 빠른 속도로 시장은 움직일 것이다. 그것이 국민 전체가 중산층으로 갈 수 있다는 기대감을 극대화할 수 있다.

필자가 위에서 언급한 세제 개편에 대해 고가의 전세입자 세금 부과를 제안한 것은 사실적으로 형평이 안 맞기 때문이다. 예를 들어 강남 학군 좋은 곳에 40평대 아파트가 전세금이 10억 원대이다. 집주인은 각종 세금을 내고 있다. 사실 매매를 하고 싶어도 개인에 따라 사정은 다르겠지만 대략 두세 가지 이유가 있다고 본다.

첫째는 상한가 때 가격이 15억~17억 원대 하던 아파트가 10억 원대로 내려갔다. 둘째 내린 가격에도 실매수자는 눈치를 보고 있다. 가격 상승에 대한 기대 심리가 없기 때문이다. 셋째 세금이 문제되는 것이다. 고가주택으로 분류되어 있어 양도세가 문제가 되고 있다.

가령 5년 전에 40평대 아파트를 8억 원대에 매입을 하였다면 상한가격이 15억 원 이상 할 때는 100% 올랐다고 기대에 부풀었다. 지금 가격을 보면 외형으로는 그래도 2억 원 이상 올랐다고 생각할 수 있다. 아니라는 것이다.

취·등록세와 부동산 수수료 및 최소 5억 원 이상 금융대출을 안고 있고 금융이자 부담을 계산한다면 오히려 마이너스가 될 확률이 높다.

그런데도 차액에 대한 양도차익의 세금은 내야 한다는 것이다. 전세를 놓고 있는 경우 매매를 하더라도 손에 쥐는 돈은 없고 경우에 따라 매매 후 빚을 지는 결과이다. 매매가 이루어지겠는가? 정부나 국민 모두 부동산 경기 활성화, 거래량 증가 등을 원하고 있다.

전세금으로 내 집 마련할 '적기'

이번 칼럼에서는 우선 몇 가지 추이를 짚어보자. 경매 시장의 흐름을 보면 전세금보다 저렴한 경매 아파트가 수도권에서 4년 만에 40배가량의 물량이 나와 있다고 한다.

또한 서울에서는 1억 미만 전셋집이 5년 새 1/3 줄었다는 통계가 나왔다. 관련 보도자료에 따르면 감정가 3억 1,000만 원의 서울 노원구 상계동 한신아파트의 경우를 보자. 26평형전용면적 84.9㎡ 기준 평당 약 1,200만 원 선이 경매시장에서 두 번 유찰 후 1억 9,840만 원까지 떨어졌다. 전세금은 최대 2억 500만 원 선이다. 전세금이 평당 약 800만 원 선에 이른다. 실제 감정가보다 실거래가는 25% 낮아졌다는 계산이 된다. 경매낙찰가는 평당 1,000만 원 선에 이르지 못할 것으로 판단된다.

이때를 내 집 마련 기회로 봐야 하는지는 또 다른 곳을 분석해 보자. 전세금 수준에 낙찰된 아파트도 있어 알아보자. 경기 고양시 덕양구 행신동 소망마을 늘푸른 3단지 아파트이다. 15평형^{전용}면적 51.03㎡은 2013년 7월 18일 기준 감정가 1억 8,000만 원에서 유찰돼 최저가가 1억 2,600만 원까지 떨어진 후 1억 3,512만 원으로 낙찰이 되었다.

이 아파트의 경우 전세금이 1억 3,000만 원으로 낙찰가와 500여만 원 밖에 차이가 나지 않는다. 낙찰가 평당 가격은 평당 840만 원대이고 전세가는 평당 860만 원대이다. 이 아파트 역시 감정가는 평당 1,200만 원 선이다. 실제 감정가보다 전세 가격이 80% 선에 육박하고 있다.

그동안 아파트 경매의 경우 감정가액의 90% 선에서 낙찰되었던 것이 감정가 대비 20~25%까지 내려가다 보니 전세가격보다 낮은 가격에 낙찰이 되고 있다. 과연 위의 사항이 정상적인 가격인지는 확인해 볼 필요가 있다. 현 시세보다 지나치게 낮은 가격이라면 오를 수 있다는 뜻이 아닌가?

먼저 주변 분양가를 살펴보자. 신규아파트의 경우 분양가는 상한가를 칠 때는 1,500~1,600만 원 선이었다. 경제침체와 부동산시장 불황이 지속되면서 신규아파트 미분양 속에 갖가지 옵션이 나오면서 1,200~1,300만 원대로 낮아져 있다.

위에서 보는 것처럼 꼭 경매물건이 아니더라도 급매물일 경우 1,000만 원대 정도라면 기존 가격보다 20% 정도 낮은 가격이 틀림없다. 더 낮아지기란 어려운 것이 신규물량이 건설되지 않기 때문이다. 건설 기업에서 이익이 없는데 건축을 하겠는가이다.

전·월세 세금의 문제점, 해결방안은?

전·월세 가격 폭등에 대한 원인과 그 해결책을 짚어 보겠다. 해결과제 1에서는 수익성에 대한 데이터 분석과 금융대출 완화 기준 등을 들었다. 해결과제 2에서는 현재 정부안으로 제시되고 있는 세금 문제다. 취득세 50% 감면 정책은 바람직하다. 다주택자 양도세 중과 폐지론에 대해서는 야당의 반대에 부딪힌 상황이다. 필자도 폐지 쪽보다 완화정책이 실효성이 더 있을 것으로 본다. 폐지할 경우 부익부 빈익빈 현상을 우려하지 않을 수 없다.

세수를 일정 한도까지 비과세하되 중과세를 차등 과세 방향으로 간다면 다주택자의 경우에도 불만이 해소되고 임대사업을 위해 바닥을 치고 있는 현 시점에서도 매수 방향으로 선회할 것이다. 야당이 주장하는 골자는 전·월세 상환제인데 이는 규정하기 쉽지 않다고 본다. 현행제도 보완이 2년 기한 후 임차인이 원할 경우 2년 재연장이고 9% 이하로 상승을 못 받고 있다.

주택가격이란 경기 흐름에 따라 낙폭의 변동이 심한 만큼 투자
자의 경우를 고려해야 한다. 시장경제란 자율에 맡기는 것이다. 지
나친 통제는 흐름을 왜곡시키는 결과만 초래하기 때문이다. 6월 국
회에서 입법 처리가 늦어진 것에 원인이 있다. 9월 국회에서 반드
시 입법 처리해 주는 것이 가을 이사철을 앞두고 매수 쪽으로 유
도하는 방향이 될 것이다.

여러 차례 주문하지만 수요와 공급은 가장 중요한 흐름이다.

수요와 공급의 불균형이 아님에도 소형주택의 공급에 불균형이
온 것이다. 급작스런 세대분리 현상이다. 결혼 연령이 30대로 늦
어지면서 소형 단독세대 공급을 요하는 것이다. 부모 슬하에 자
식이 성장 후 분리, 분가가 대세가 되었다. 전체 공급은 문제가
없다. 결국은 소형 1~2인 가구 주택 공급에 따른 수요증가이다.
현재 대형 평수 아파트의 경우 40평 이상의 아파트는 1기 신도시
1990년대 초 입주했으므로 20년 이상 되었다. 건설 공기업에서
특정지역을 매입하여 리모델링을 통해 1가구를 2가구에서 3가구
씩 분리하여 전·월세로 공급한다면 별도의 수급^{건설}을 하지 않아
도 전·월세 수급에 큰 도움이 될 것이다.

가능한 것이 현재 가격이 상한가 대비 60%대 가격으로 폭락을
했어도 수요가 없다는 데 있다. 대부분 역세권에 속해 있음에도
매매가 전무한 실정이다. 공기업에서 세대 확대, 분리 후 재분양,

전세, 월세 수요자를 찾기가 어렵지 않을 것이다. 수급을 맞추기 위해 소형주택 위주의 공급에 맞출 경우 대형주택은 끝없는 추락이 계속될 것이다. 실 거래가는 평당 1,000만 원대이다. 리모델링 비용이 평당 100만 원대 이상 투자가 되더라도 신규분양가 보다 낮게 분양 가능하기 때문이다.

전문가들이 상식선에서 문제 해결책을 찾다 보니 다람쥐 쳇바퀴 돌듯 그 자리에서 공론만 난무하고 있다. 상식을 뛰어넘는 방향에서 새 모델을 찾으라는 것이다. 필자의 제안은 두 가지 효과 이상을 의미한다.

대형 평수를 줄일 수 있고 앞으로 원하는 소형 평수 공급을 원활히 할 수 있으며 매매와 전·월세 수급이 가능해지므로 부동산 시장의 새로운 흐름을 찾아주는 것이다.

땅가진 거지 부자 만들기 II

제2부

관광산업과 토지개발

관광객 세계 10대 국가 전망

필자는 이번 칼럼부터는 대한민국 관광 산업의 미래와 부동산 시장의 활로란 제목으로 집필하려 한다. 2017년 우리나라를 찾은 외국 관광객 수가 1,350만 명이라고 한다. 필자는 부동산 전문 칼럼니스트로 활동하고 있으나 사실은 관광단지 개발 전문가이다.

2000년도에는 외국 관광객 500만 명 시대였다. 필자가 1999년도부터 경기도 화성시의 약 25만 평에 대하여 기존 화성 온천 지구 지정 환경평가 후 지지부진하던 사업에 뛰어들면서 일반 국민들이 이해하기 어려운 한국, 중국, 일본 등 극동아시아 3국이 공동 개발을 원칙으로 하는 한·중·일 테마 타운을 기획하기 시작했다.

문화, 역사, 철학의 한·중·일의 학술 센터와 환경산업, 무역전시 센터 등을 접목하고 역사를 바탕으로 하는 Korea 테마 타운, China 테마 타운, Japan 테마 타운 등 3국의 역사 거리 등을 재현하는 작업이다. 한국의 역사 중국, 일본의 역사와 현대시대 풍물거리 등을 테마화하고 온천, 호수, 바다·물의 테마 힐링, 의료관광 등을 기획하게 되었다.

필자가 기획한 Master Plan 관광산업을 가리켜 흔히들 굴뚝 없는 산업이란 말도 유행했었다. 2000년대 들어오면서 한류열풍을 타고 급속도로 외국관광객 수가 2010년까지 연 10%대 증가율을 보였다. 다른 나라에 비해 매우 높은 수치다.

외국관광객 수가 증가한다는 것은 첫째가 청년 일자리 창출이고 둘째가 高부가 산업이며 셋째가 국가 브랜드 가치 상승이다. 그렇다면 부동산과 어떤 연관성이 있는지 알아보겠다. 콘텐츠를 통한 음악, 드라마, 영화 게임 등이 현재 관광시장을 주도하고 있다.

또 하나는 상품이다. 의류, 화장품, 가전전자제품의 우수성 등을 들 수 있다. 위에 열거한 것이 기본이라면 미래지향적 관광객 유치가 필요한 것이다. 대한민국의 역사를 알리는 것이다. 중국, 일본 등과 비교를 할 수 있는 테마 타운이 세계인들을 놀라게 할 것이기 때문이다.

오늘날 한류가 하루아침에 만들어진 것이 아니라는 것을 알려야 한다. 서양 300년의 경제 기적을 반세기 만에 이룬 지구상에 유례가 없는 성장의 동력이 역사 뿌리에 근간이 있었다는 사실을 시각적 교감을 통해 자연스러운 전달이 돼야 한다.

특히 일본의 역사, 문화에서 이미 10세기 전부터 왕인 박사를 통해 문물과 학문이 전해졌고 16세기 퇴계 이황 선생을 통해 완성된 학문이 전해졌다는 것을 오늘날 일본의 젊은이들은 모르고 있다는 것이다.

중국의 3000여 년 전 갑골문자와 오늘날 한문 발달사가 극동아시아 문명의 시작이었다면 활자 인쇄문화는 우리 역사가 아닌가.

아시아뿐만 아니라 유럽, 아프리카, 남미, 북미 세계 각국에서 한·중·일을 새롭게 발견할 수 있는 정착된 관광문화를 이 땅에서 실현해야 한다는 것이 필자의 생각이다. 사드 사태를 맞은 한국은 2017년 1,350만 명이 방문함으로써 2016년 1,724만 명 대비 급감하였다 또한 "다녀보니, 한국이 좋더라"…1700만 방한 '어게인 2016' 꿈꾼다

헤럴드 경제 함영훈 기자
http://news.heraldcorp.com/view.php?ud=20180109000489

하지만 사드에 따른 충격이 최근에는 완화 상황에 들어섰고 유커들의 발걸음이 돌아오고 있으므로, 2016년의 1,700만 수준으로 빠르게 회복할 것으로 짐작한다. 그에 발맞춘 한·중·일 테마타운 개발이 폭발적인 증가세를 견인하여 관광객 세계 10대 국가건설이 반드시 실현될 것이다. 외국관광객이 한 해 수천만 명이

다녀가다 보면 국내 부동산에 투자가 될 것이다. 특히 관광단지 개발에 있어 중국, 일본의 큰손들의 직·간접 투자가 이루어질 것이다. 또한 앞으로도 중·장기적으로 여행사업에 관련한 국제적 사안이 있을 것이라 예상할 수 있다.

관광 단지 개발만이
미개척으로 남아 있다

필자는 지난 칼럼에 이어 한국 관광산업과 연계하여 부동산 시장의 새로운 활로를 찾아보고자 한다. 우선 가까운 나라 일본을 거울삼아 볼 필요가 있다.

흔히 일본을 가리켜 모방의 천재국가 국민이라고들 한다. 1990년 초부터 일본 부동산 시장은 거품이 빠지기 시작했고 이때부터 여러 분야가 쇠퇴의 길을 걷고 있다. 그렇게 유명했던 소니 전자를 비롯한 파나소닉 등이 대한민국의 삼성, LG전자 등에 세계 시장을 내주는 처지가 됐다. 뿐만 아니라 타 분야에서도 한국과의 경쟁에서 밀리고 있다.

자만이 원인이 된 것일까? 아니다. 우리 옛말에 달도 차면 기운다는 속담이 있다. 자연 철학에서 이해하면 쉽게 답을 찾을 수 있다. 심고 거두는 것이 자연의 원리이듯 과학의 끝을 첨단이라고 한다.

이 시대를 가리켜 첨단 과학시대라고 표현하고 있다.

신이 성경에서 인간의 수명을 120세까지 주셨다. 의술은 정점에 이르고 있지 아니한가? 이제부터 본론으로 들어가서 한국의 부동산 시장을 살펴보자. 주택 시장의 활로는 없다고 필자는 단정한다.

필자 외에도 부동산 전문가들 대부분이 같은 진단을 하고 있다. 아직 여지가 있다면 토지시장이다. 대형 주택단지 산업단지의 개발이 아닌, 관광단지 개발만이 미개척으로 남아 있기 때문이다.

이웃나라인 일본을 다시 한번 살펴보자. 일본은 바다를 통하여 극동 아시아와 유럽을 연결하는 관문 격이다. 17세기 서구 유럽 국가들의 르네상스 시대에 현대 문명을 받아들인다. 18세기 중엽에 와서 아시아 최대국가로 올라서고 19세기 들어와서 2차 세계대전을 발발시킨다. 가까운 우리나라를 비롯해서 거대 중국을 포함 아시아 국가 위에 군림한다.

물론 연합군에 의해서 패전국이 되지만 1950년 6월 25일 한국전쟁을 계기로 성공한 국가로 발전했다. 그런데 일본을 가리켜 '모방의 천재 국가라고 하는 이유는 뭔가'다. 현대문명의 발원지는 서양이다.

일본은 빠른 모방을 통해 자기화했다는 데 있다. 또한 일본에서 축소된 유럽건축물들을 장식한 테마 타운도 있다.

1960~70년대까지는 한마디로 통했었다. 유럽을 다녀오기가 어려웠기에 축소된 유럽의 예술적 건축물들은 동양국가들에게도 동경의 대상이었기 때문이다. 하지만 1988년 서울올림픽 이후 세계는 글로벌 시대로 변화하고 21세기는 지구촌마을 개념으로 바뀌었다. 2000년대 접어들면서 한류가 세계시장을 강타하더니 이젠 휩쓸고 있지 아니한가. 드디어 한국의 정신문화의 시작인 것이다.

전편에서 한국 관광산업의 부동산 시장 활로란 제목을 달았듯 이번 칼럼에서는 새로이 발견을 해 보자는 것이다. 즉 옛것을, 묻혀 있었던 것을 다시 찾아내자는 것이다. 전 세계 전쟁역사를 살펴보면 표면에 서는 이념을 통해 종교전쟁이라고 표현들 하지만 결국은 땅 따먹는 전쟁인 것이다. 부강한 국가일수록 토지가격이 높아질 수밖에 없지 않겠는가? 국토가 작고 인구가 많을 경우도 배분율이 낮으니 토지가격이 높을 수 있겠으나 결국에는 경제 성장과 토지가격은 비례하는 것이다.

자, 오늘 칼럼에서는 마무리 단계로 한국 부동산시장의 새로운 발견에 대하여 면밀히 짚어 봤다. 필자가 기획한 한국, 중국, 일본 기업들과 정부가 참여하는 문화, 역사, 철학을 테마로 하는 문화관광 타운개발이다. 수도권에는 대형 테마 타운이 필요하고 지

                                          땅 가진 거지 부자 만들기 Ⅱ

방별로 축소된 테마 타운이 개발된다면 3국가의 고유문화와 현대 문화가 조화를 이룰 것이다.

세계평화공원에 주목해야 하는 이유는?

필자는 한·중·일 문화타운 관광단지 개발을 중심으로 연재 형식으로 집필했었다. 청년 일자리의 미래가 관광산업에서 많은 수요를 창출한다는 점에서 지속적인 연구가 필요하다.

DMZ 개발에 있어 몇 가지 짚어보자. 크게는 남과 북이 표현 그대로 평화통일을 위한 교류의 장이 될 것이다. 또 하나는 문화의 장이 펼쳐질 것이다. 남·북의 고전문화를 전 세계에 보여줄 수 있는 좋은 장소인 것이다. 반세기가 넘어 골이 깊을 대로 깊이 팬 서로의 이질감을 줄이고 좁히려는 문화 교류가 선두 역할을 하게 될 것이다.

세계 경제의 불황 속에서도 한국경제의 희망을 보는 것은 국가 최고 지도자의 통치력이다. 정치적인 문제는 정치인들의 몫으로 남겨 놓고 앞으로 중요한 것은 금강산관광 재개를 비롯한, DMZ

세계평화공원을 건립하는 일이다. 관광단지 개발에 있어 인위성보다는 자연 친화적인 면을 기본 바탕으로 깔아 놓아야만 성공의절반을 형성하는 것이다.

그런 면에서 본다면 생태계를 훼손하지 않도록 개발에 있어 노력을 기울여야 한다. 단순히 분단의 아픔이란 콘셉트보다 문화중심으로 무역기구가 공존할 수 있는, 필자가 경기도 화성시에 기획하고 있는 것과 유사한 환경산업무역전시센터 설치이다.

환경관련산업 육성단지를 조성하여 세계인들이 관광뿐 아니라환경 산업 관련 무역의 통로의 새로운 산업과 관광이 공존하는모델이 만들어지길 기대해 본다. 그것은 대한민국의 높은 수준의산업기술과 북한의 노동력의 결합인 것이다. 가까운 중국, 일본을 비롯해 러시아, 미국 등 아시아·서방국가들이 환경산업을 통해 세계평화공원 DMZ 내에서 산업과 문화가 공존하는 21세기새로운 모델을 자연스럽게 탄생시킬 것이다.

필자는 지난 대통령 선거 때 경제인들과 의논 자리가 있을 때마다 이번 대통령이 되는 분이 대한민국 역사에 있어 가장 큰 역할을 하게 될 것이라고 공언했었다. 선진 국가들이 불황으로 성장률이 낮은 반면 '대한민국은 정신문화가 세계 1등' 국가의 면모를갖추게 될 것이며 2018년엔 세계 경제 7대 국가에 오르는 계기가올 것이라 단언했었다. 그 조짐을 보이기 시작했다고 본다. 인류

의 화약고인 DMZ에 세계평화공원 구상은 천우신조天佑神助, 하늘
의 뜻이 아닌가 싶다.

　뜻이 아니면 생각할 수 없는 철학적 사상인 것이다. 독자 여러
분 단순하게 생각하지 마시라. 대한민국은 정신문화가 세계에서
가장 뛰어난 국민이라는 것을 명심하시고 부동산 시장의 봄을 기
다리며 세계평화공원을 주목하라. 세계의 문화와 산업의 중심으
로 발전할 것이며 새로운 부동산 시장이 펼쳐질 것이다. 단기간
투기가 아닌 장기간 투자 개념으로 판단하기 바란다.

관광산업 1위 국가 프랑스처럼 전통 문화로 새로운 활로 개척해야

이번에도 지난 칼럼에 이어 연속적으로 관광산업의 중요성과 부동산 시장의 연관성에 대하여 짚어 보겠다.

우리 육체 중 발가락이 하나 없어도 안 되지만 덜 중요한 부위가 있지 않은가? 관광산업은 초기 투자는 부담을 주나 운영 과정에서는 R&D 투자가 거의 없고 보완 및 재투자도 수익의 0.5% 정도다. 반면 초기투자 부담을 많이 가지는 것이 IT 분야인데 R&D 개발 부담이 20~30%, 재투자가 계속되어야 한다.

실질적으로 국가브랜드 가치는 독자들께서 생각해 보라.

예로 독자들께서 아시아 국가 중 우리보다 발전이 낮은 국가를 여행한다고 보면, 여행 후 얻게 되는 기억은 우리나라가 제일 살기 좋은 나라라는 것이다.

반면, 유럽을 다녀오고 나면 '예술이야! 예술, 온통 거리가 예술이었어.' 감탄한다. 왜 프랑스를 방문하는 관광객이 연간 8,300만 명으로 세계 1위인가? 무엇이 관광객을 그처럼 오게 하는가?

전통과 문화, 예술의 바탕이 있기 때문이다. 국가 브랜드 가치와 함께 유명브랜드 의류, 화장품, 모피 등이 탄생되는 것이다. 우리나라 관광의 새로운 활로를 발견해 보자.

먼저 전통이란 어떤 개념을 뜻하는가? 다름 아닌 역사이다. 유구한 반만년 역사, 그 자체가 우리나라라는 것이다. 고대 조선과 기자조선까지 문헌이 부족할지라도 우리 민족은 인정하고 있지 아니한가. 폄하하지 말자는 것이다. 나 자신을 스스로 믿지 않는다면 상대가 나를 인정하겠는가?

필자가 기획 중인 한·중·일 문화타운 기획은 근거를 가지고 있다. 안중근 의사를 떠올려 보면 답이 있다. 이토 히로부미 저격 후 하얼빈 여순 감옥에서 『동양평화론』을 집필하시다 완성하지 못하고 순국하셨지만 그 내용의 골자는 이렇다.

극동아시아, 즉 한국·중국·일본은 싸워서 얻기보다 협력하여 세계를 향하라는 강한 질타메세지였다. 힘으로 가장 가까운 이웃나라를 귀속국으로 만들고 일으킨 전쟁으로 결국 일본은 패전하고 말았으며 우리 민족은 독립을 위해 36년간 숭고한 생명과 문화유

 땅 가진 거지 부자 만들기 Ⅱ

산을 잃어야 했다.

안중근 의사께서는 100여 년 전에 앞날을 읽고 계셨다는 것이 놀랍지 아니한가. 단순 독립운동을 넘어 100년 후 미래를 先見之明선견지명 하고 있었다는 것이다. 필자가 꿈꾸는 한·중·일 문사철문화, 역사, 철학 학술센터 건립 또한 한·중·일 삼국의 현안 문제 중 한·일 간 독도 문제와 중·일 간 센카쿠 열도 문제를 해결할 수 있는 주요 열쇠가 될 것이다.

현재 한·중·일 3국은 역사적으로 가장 중요한 시점에 있다고 본다. 세계는 지금 급속도의 변화 시기에 있다. 한·중·일이 협의체를 이룬다면 대단히 발전적인 시점이라는 것이다. 그런데도 유독 정치권만이 小貪大失소탐대실의 길을 걷고 있다. 한·일 간 독도문제는 역사학자들에게 맡겨라. 중·일 간 센카쿠 열도도 역시 중·일 역사학자들이 풀면 간단하다.

정치적으로 이용을 하지 말라는 것이다. 그래서 한·중·일의 문사철 센터 건립의 필요성을 역설하는 것이다. 앞으로 한·중·일 3개국은 세계를 향해 발전적 모델의 선봉국가로 발전되길 기대한다. 역사성을 드러낼 수 있는 타운개발이 되어야 한다.

과학이 접목되는 IT타운을 끝으로 예를 들겠다. 특정지역에 공원을 하나 개발하더라도 시·도의 경우 그 지역 역사성과 역사적 인물 등 지명이 만들어진 경위 등을 소상히 소개하는 것을 말한다. 역사를 접목하는 것이다. 뿌리 위에 줄기가 있고 잎과 꽃을 피워 내는 것이 아니겠는가? 다음 칼럼에서 좀 더 구체적으로 집필하겠다.

콘도에서 펜션… 다시 텐트로? '원시반본原始反本'

대한민국에서 부동산 투자는 수익 구도가 매우 낮아진 게 사실이다.

하지만 아직 틈새시장이 남아 있다. 전문가와 의논하다 보면 투자처가 보인다. 필자는 이번 칼럼 역시 관광산업을 중심으로 부동산 투자를 권하고 싶다. 21세기 대한민국의 관광의 미래는 매우 밝다. 하지만 신개념이 아니면 기존 틀에서 관광단지 개발은 성공할 수 없다.

관광의 의미를 살펴보자. 1970년대 들어서면서 필자 세대 50대 중에서 60대까지 세대가 통기타복고풍 문화를 시작으로 우리 시대 여행문화의 시작이다. 젊은 청년들이 여름방학 휴가철에 배낭을 메고 텐트, 버너 등을 짊어지고 기차를 타고 계곡이나 바다를 찾아 손수 음식을 만들고 저녁이면 모닥불을 피워 놓고 통기타를 치며 보냈던 것이 우리나라 여행문화의 시발점이다. 필자는 위 세대이지만 우리 부모 세대는 아예 여행 자체를 모르고 자식 공부와 먹이는 것으로 평생을 보낸 것이 대부분의 국민정서이다.

새로운 관광여행 문화의 시발점은 명성그룹을 창업했던 김철호 회장이 1970년대 후반에 만든, 그 유명했던 콘도 문화이다. 자금 여유가 조금 있는 분들 위주로 가족단위나 연인, 친구들이 여행지에서 콘도에 여장을 풀고 나면 식사를 해 먹을 수 있는 주방시설이 잘 갖춰져 있었다.

음식 재료만 가져가면 며칠이고 바다, 또는 계곡에서 낮에 물놀이를 즐기고 저녁이면 콘도 정원에서 오손도손 음악을 즐기곤 했다. 콘도 문화는 꽤 오랫동안 여름과 겨울을 이용해 스키장을 찾아 휴식을 갖는 이들과 함께했다.

1990년대 들어서면서는 유럽문화에서 비롯된 별장 문화 개념이 들어왔다. 이른바 펜션개인주택 문화로 가족 또는 직장인들끼리 외부 차단형 주택을 선호했다. 최근에는 복고 바람이 다시 불기 시작했다. 가족, 연인, 친구와 배낭을 메고 텐트를 치는 문화로 되돌아간 것이다. 묘하지 않은가? 결국은 40여 년 전으로 되돌아간 것이다. 필자는 표현 중에 자연 이치 즉 철학을 많이 응용한다.

고사도 가끔 응용하는데 원시반본原始反本, 즉 본래 있던 자리로

     땅 가진 거지 부자 만들기 Ⅱ

되돌아간다는 뜻이다. 자연 이치에서 보듯 봄, 여름, 가을, 겨울이 다시 봄으로 돌아가며 시작이 되는 원리이다. 자연 이치를 깨달으면 세상이 보인다는 얘기다.

우리나라도 주 5일 근무제가 정착됐다. 곧 3만 불 시대에 이를 것이다. 선진국에 진입하면 문화생활 중심으로 생활환경의 변화를 가져오게 된다. 시대 문화와 고유문화, 현실문화로 조화롭게 어우러질 것이다. 결국 부동산 시장은 관광문화의 바탕인 것이다. 즉 뿌리인 셈이다.

신개념의 관광단지 개발이 문화·역사·철학·환경을 주제로 한 테마파크 개발인 것이다.

3대 지표를 열거한다면 문화는 문화·역사·철학의 정체성의 자족화이다. 문화는 인간 삶의 희망이다. 문화적 미래 사회의 재창조이다. 환경은 생활·환경·산업의 녹색화이다. 토지를 이용한 관광 개발에 있어 기본 방향이 제대로 설정이 되어야 미래의 성공을 확신할 수 있다. 또한 배근지달培根枝達의 정신으로 인간과 자연이 공존하며 지속가능한 미래를 개발할 수 있다.

여기서 배근지달의 정신은 목유칠덕木有七德이다. 나무가 인간에게 주는 일곱 가지 덕을 정신세계에서 본 것이다.

첫째 뿌리根 전통성을 의미한다.

둘째 줄기幹 정체성을 의미한다.

셋째 가지枝 발전성을 의미한다.

넷째 잎葉 번영성을 의미한다.

다섯째 꽃花 미화성을 의미한다.

여섯째 열매實 성숙성을 의미한다.

일곱째 그늘陰 포용성을 의미한다.

결국 나무의 특성을 단순하다고만 느끼고 살아왔는데, 자연철학이 주는 의미 부여는 이처럼 오묘하다는 것이다.

위에 열거한 것을 종합해 보면 균형을 이루면서 발전하고 안정을 취하게 된다. 공존과 희망 속에 평화를 얻는 것. 이는 곧 트리더스아시아의 리더 한·중·일 3국의 번영을 넘어 세계 인류의 번영인 것이다.

  땅 가진 거지 부자 만들기 Ⅱ

한·중·일 현안 문제인 독도·센카쿠 열도 등 해결 가능

DMZ 세계평화공원 개발에 있어 지난 회에 이어 개발에 대한 제안을 하고자 한다. DMZ 개발 프로젝트는 남·북 대한민국뿐 아니라 세계사를 새로 쓸 수 있는 초대형 국제 프로젝트다. 기초의 틀을 잘 잡아야 한다. 일반 관광단지처럼 개발 그림을 잘못 그리면 분단국가 대한민국의 이미지 외에 드러낼 것이 없다.

필자는 지난 칼럼에서 DMZ 內에 환경산업무역 전시센터 건립을 주문하는 한편 환경산업단지 조성을 언급한 바 있다. 대한민국의 높은 기술력과 북한의 고급인력을 잘 양성하여 남·북이 협력한다면 진정한 교류증진으로 확대 가능할 것이다. 전 세계 국가의 환경산업 무역의 중심축이 되도록 기획에 만전을 기했으면 한다.

이번에는 DMZ 內 국제학술센터 건립을 주문한다. 한민족인

남·북과 중국, 일본, 극동아시아 3개국 1체제[북한] 문화·역사·철학의 논의장으로 대학총장 클럽을 비롯해서 분야별 교수 클럽 등 문화계와 역사, 정치 학계 모든 학문을 총망라한 철학의 산실이 되는 문·사·철 센터 건립이다.

필자는 경기도 화성시에 한·중·일 문화관광타운개발 기획 속에 문·사·철 기획위원회를 2008년 발족을 하고 심혈을 기울여 왔다. 그러나 집단개발 지역으로서의 이해 부족과 내부 기득권 다툼으로 수년간 표류하고 있다. 필자는 매우 안타까운 마음으로 강물이 흘러가듯 때를 기다리는 과정에 있다.

세계인이 찾아오게 하려면 큰 이슈가 출발점이 되는 것이 매우 바람직하다고 본다. 그런 점에서 세계 유일의 분단국가를 상징하는 분단선에 세계평화공원 지정을 표방한 것은 큰 의미가 있다. 북한을 한 번에 불러서 많은 협의가 되겠는가? 원 안에 들이고 나서 하나씩 풀어가는 것이 바람직하다는 판단이다. 북핵문제는 극동아시아뿐만 아니라 전 세계가 주시하는 가운데 이번 발표는 혁명과 같은 하늘의 지혜다.

DMZ 內 무역센터와 학술센터가 건립된다면 과거와 현재, 미래가 공존하는 진정 21세기의 새 장이라 할 것이다. TF 팀원들께서 기존의 일반인들이 알고 있었던 사고를 뛰어넘는 개발을 주문하여 본다. 미래 창조과학은 결합과 융합의 재탄생이 지닌 새로운

탄생과 발명을 의미한다. 잠재된 사고에서 프로젝트가 제시된 것
이다.

단순 볼거리 놀이문화의 결합은 의미가 없다. 앞서 필자가 지적
한 것처럼 큰 틀의 환경산업단지 조성에서 무역전시센터를 통해
국제무역의 장을 열고 학술센터 건립과 한·중·일 역사학자들을
통해 현안 문제인 독도·센카쿠 열도 등을 자연스럽게 해결하는
지혜가 필요하다.

더 나아가 아시아와 유럽의 동서 역사를 통해 극동아시아는 뿌
리, 중앙아시아는 줄기, 유럽은 잎과 꽃의 역사였다면 21세기 새
문명은 열매를 맺고자 하는 시기인 것이다. 잎과 꽃이 지고 열매
가 맺힐 때 비로소 나의 근본 뿌리를 보게 되는 이치가 문·사·철
학술센터를 통해 이룩되기를 기대해 본다.

부동산 시장의 회복… 한·중·일 공동개발 방식을 중심으로

부동산 시장이 정부대책에도 불구하고 불황의 늪에서 헤어나지 못하고 있고 취득세 완화정책을 발표하는 순간 또다시 거래절벽 상태로 퇴기한 상황이다.

토지시장의 활성에 있어선 주택시장과 마찬가지로 양도세를 기존서 50% 정도 완화하는 것이 시장 활성화가 될 것이다. 결코 폭등하거나 투기 우려는 없을 것이다.

지하자금을 유도하고 합법적으로 양성화하는 것이 바람직하지 않겠는가? 옛말에 고양이가 쥐를 쫓을 때_{잡기 위함} 도망갈 구멍을 두고 쫓으라는 말이 있다. 막다른 골목으로 내몰지 말자는 것이다.

관광산업 개발에 대하여 좀 더 세부적으로 기술해 보겠다. 한·중·일 공동개발 방식을 열거하는 데는 상당한 이유가 있다. 유럽

국가들이 왜 연합체를 만들었겠는가? 중국이 아무리 인구가 많고 경제성장을 하더라도 중국 독단으로 세계 최고의 국가가치를 인정받을 수 있다고 판단한다면 오산이다.

일본 역시 경제 대국이라고 해도 지난 과오가 있으며 경제만으로 국가가치를 인정받기란 어렵다는 것이다. 그렇다면 대한민국은 어떤 나라인가?

역사적으로 양대 국가 중·일에 침략의 대상이었다. 하지만 뚜렷한 역사가 말해주듯 가치관이 철저했다는 것이다. 세계 어느 나라보다도 교육문화 국가로서 반만년의 역사를 지닌 민족이 아닌가. 21세기는 힘으로 전쟁을 통해 세계 리더leader 국가가 될 수는 없다.

부강하다고 해서 세계를 이끌 수 없다. 결론은 문화 전쟁시대에 돌입한 것이다. 문화는 첫째 뿌리가 있어야 한다. 바로 역사인 것이다. 관광 산업 개발 자체가 문화를 알리고 보여주는 것이다. 토지개발에 가장 역점을 가져야 될 부분이 관광산업이다. 한·중·일의 타운 구성을 다음과 같이 기획해 본다.

〈테마타운 구성〉 한·중·일 3국의 전통문화 미풍양속을 테마로 조형물 및 상징물을 설치하여 조성한다.

〈타운구분〉 수로를 기준으로 각 타운 구분, 각 타운별 특색 있는 도로를 형성하며 지형에 따른 소공원을 구성한다.

〈시설구성〉 관광을 전제로 한 각 타운별 전통 숙박 및 상업시설. 각 축제의 저잣거리 풍물, 축제 공연 등 기획, 테넌트tenant 구성. 테마 스토리에 부합되는 상업업종 유치, 사전 기획된 컨텐츠에 해당하는 전문분야 인력과 협력 및 공모 유치, 3국의 역사적 사건과 인물에 대한 소재를 이용한 상업 시설 등이다.

관광개발 한·중·일 타운 배치 및 구성

이번 칼럼에서는 관광개발에 있어 한·중·일의 전통과 현재. 미래 타운배치 구성을 국가별로 분류해서 기획해 본다. 독자들께서도 관광산업을 살피다 보면 부동산시장의 방향과 수익 구도를 알 수 있다.

한국 문화 타운
- ◼ 명칭: KOREA THEME TOWN
- ◼ 용도: 한국의 전통문화, 한류공연, 전시, 관람체험 공간
- ◼ 기능: 첨단 산업단지와 연계한 고급 비즈니스 타운

- ▷ 테마파크 조성
- ◼ 한류거리 조성 시대 순으로 역사 인물상 건립
- ◼ 한국 문화예술 공연장, 한국문화 예술전시 센터
- ◼ 한류스타 핸드프린팅, 풋 프린팅, 벽면 디스플레이 설치

▷ 한국문화 타운 조성

▣ 전통가옥_{한옥, 초가}을 통한 비즈니스 숙박시설

▣ 저잣거리를 형상화한 상업시설_{은행, 우체국, 쇼핑몰 등}

▣ 전통문화 체험장, 5일장 등

중국 문화 타운

▣ 명칭: CHINA THEME TOWN

▣ 용도: 중화문화 예술을 공연, 전시 관람하고 체험하는 공간

▣ 기능: 중화, 대만 관광객 유치 및 수도권 첨단 산업단지와
　　　 연계한 고급 비즈니스 타운

▷ 테마파크 조성

▣ 차이나 한류거리 조성

▣ 중국식 지붕 건축으로 회랑 조성

▣ 중국 문명을 대표하는 문화, 인물 및 한중 교류에 공헌한 인
　물 입상 설치

▣ 스타 핸드프린팅, 풋 프린팅, 벽면 디스플레이 설치

▷ 중화 문화타운 조성

▣ 중국식 비즈니스 숙박시설 유치

▣ 실크로드 상업시설 재현_{은행, 우체국 쇼핑몰 등}

　　　　　　　　　　　　　

▷ 일본 문화 타운

■ 명칭: JAPAN THEME TOWN

■ 용도: 일본 문화 예술을 공연, 전시 관람하고 체험하는 공간

■ 기능: 일본관광객 유치 및 수도권 첨단 산업단지와 연계한
　　　　고급 비즈니스 타운

▷ 테마파크 조성

■ JAPAN 한류거리 조성

■ 일본식 지붕 건축으로 회랑 조성

■ 한·일간 교류를 상징하는 문화, 인물 등 상징물 및 입상 설치

■ 스타 핸드프린팅, 풋 프린팅, 벽면 디스플레이 설치

▷ 일본식 문화타운 조성

■ 일본식 비즈니스 숙박시설 유치

■ 일본 전통 온천시설, 상업시설 유치은행, 우체국 쇼핑몰 등

힐링 센터

◇ 의료관광 시설

■ 전통 한의학과 국내 의료진의 높은 의술을 바탕으로 한·
　중·일 의료센터 설립

■ 자연요법, 자가 및 치료요법, 대체 의학과의 산학 협력 구축
　을 통한 힐링 센터 설립

■ 한·중·일 아시아의 전통과 현대의학의 힐링케어

◇ 스파SPA, 케어CARE 및 부대시설

■ 동양과 서양의 의료시설을 겸한 의료관광의 기본 사회자본 Infrastructure인 치료, 요양, 힐링을 복합한 시설

워터 파크

◇ 시설

■ 이용객의 적극적 참여를 유도하는 능동적 시설 설치, 주 놀이시설의 차별화

■ 복합성과 테마성을 바탕으로 치밀한 공간 구성

◇ 테마

■ 시설마다 스토리 부여Story Telling

◇ 경영

■ 기업의 창의성과 소비자의 만족에 의한 재방문 여건 조성

■ 다양한 프로그램 개발과 운영방안 기획

인간과 자연의 공존을 주제로 한 시설

▷ 스토리텔링 테마파크 ⇒ 역사 인물이나 명인의 다양한 스토리가 있는 테마파크

▷ 체험형 테마파크 ⇒ 역사의 주인공이 되어 과거를 체험하고 미래를 경험하는 테마파크

▷ 축제형 테마파크 ⇒ 각종 페스티벌, 이벤트 행사가 지속되는 테마파크

한·중·일 타운 개발 중심으로
부동산 시장과 환경문제

한·중·일 타운 개발과 시설에 있어 무엇보다 환경과 관련된 시스템 도입이 매우 중요함을 인식할 필요가 있고 그것에는 다음이 있다.

〈녹색환경〉 국제환경 산업무역 전시센터 건립, 한·중·일 3국이 공조한 국제환경센터

〈생태공원〉 호수, 바다의 생태공원화, 수변 공간 확보, 수변공원 조성으로 생태계 복원

〈친환경 시스템〉 에너지 절약형 건축자재 사용. 에너지 합리화 방안에 따른 자원 재활용 시설

〈환경보호 캠페인〉 온·오프라인 상 주민 주도형 환경보호 캠페인

〈트리더스의 녹색 환경 기획〉 환경산업센터, 생태공원화. 친환경System 환경캠페인

〈생태공원〉 생태호수동방호수 연꽃 군락지 자연친화적 공원 조성, 수변공원 자전거 전용도로 조성

〈유기농〉 유기농 과일, 채소 등 판매 및 재배 체험 농장

〈에너지 환경〉 에너지 절약형 건축시설 LED 트리더스의 모든 시설에 LED System 도입

현재 보편화되어 있는 형광등, 네온등, 백열등 같은 기존의 조명이 지니지 못한 초절전, 장수명, 안전성과 기존 조명에 비해서 이산화탄소 저감 효과가 뛰어난 친환경의 장점으로, LED 조명을 국가 정책적 에너지 이용 합리화 방안에 따라2008.12 공공기관 및 공공건물에 교체를 추진하고 있고 국가정책 사업 에너지 50% 이상 절약, 관광객에게 빛으로 인한 다양한 Event 제공, 새로운 빛의 문화구현, 대기업 참여 유도로 새로운 수익 창출빛 분양, 국가지원 확대로 사업 인허가시 가산점 획득 등의 장점도 있다.

에너지 절약형 건축시설 패시브 하우스Passive House 도입. 외부에서 에너지 공급 없이 쾌적한 환경을 유지할 수 있는 저에너지 주택 단열 건물. 외피의 단열과 열교환 시스템 〈실내·외 열 교환〉. 태

양열을 이용한 전기에너지 공급 및 난방, 에너지 효율이 높은 기기의 이용. 그 밖에 필요한 에너지 〈온수, 전기, 난방용〉에 대한 재생가능 에너지 사용, 기존 주택의 약 80%에 해당하는 에너지 절약, 에너지 절약형 교통 System 〈개발업체와 트리더스 MOU 체결〉.

신에너지화석 연료를 대체할 미래의 청정 동력원인 수소연료 전지, 구동형 저상굴절 차량, 버스의 경제성과 유연성, 철도의 정체성을 접목하여 저비용 고품질의 대중교통 수단.

주차유도 System. 몇 면의 주차여유 공간이 있는지 안내를 받아 주차 시간을 단축하여 쾌적한 환경을 유지.

환경 자원 재활용 시설, 바이오매스. 폐기물 매립에 따른 메탄가스 식물을 발효하여 얻은 알코올.

한국, 중국, 일본의 문화, 역사, 철학을 담은 문·사·철 센터 건립.
국제환경산업무역전시센터, 전시시설, 연구, 연수시설, 컨벤션센터, 국제문화교류센터, 국제한류문화센터, 국제환경산업센터, 국제유소년 상시 교류 교육센터 등 한·중·일 3국의 유소년과 청소년들이 유기적으로 교류·교육을 받음으로써 21세기 세계문명의 초석이 되는 새 지평을 열어가게 될 것이다.

동방의 호수와 연관지어 본 관광산업 스토리텔링

최근 5회에 걸쳐 필자가 기획한 한·중·일 3국의 문화타운^{관광}^{단지} 개발에 대하여 소상히 알렸다. 이번에는 독자들께서 대한민국의 미래 청년 일자리 창출의 중요성을 생각했으면 한다.

필자가 생각하는 한·중·일 문화타운이 바로 문화·역사·철학 환경의 결합과 융합인 것이다. 발견과 발명의 결합이 미래창조 과학이 되는 것이다. 한·중·일의 결합과 융합은 지구상의 새로운 모델이 탄생되는 것이기에 필자는 10년 세월을 기획에 투자해 왔다.

새로운 미래를 꿈꾸어 보고 있다. 인도의 시성인 타고르 시성께서는 암울했던 일제강점기인 1930년대 결코 꺼지지 않는 동방의 등불이라고 하여 대한민국의 미래를 예언^{예고}했었다. 공자께서도 우리나라를 가리켜 동방예의지국이라고 하셨다. 필자가 기획 중인 경기도 화성시에 약 20여만 평 되는 호수가 있다.

조선일보 초대 회장이신 방응모 선생께서 현대, 기아자동차 연구소 부분까지 1920년대 방조제 삼아 둑을 만들고 바다를 메워 간척한 토지가 약 100여만 평에 이른다. 그 호수가 동방호수이다. 서쪽 바다에서 바라보면 동쪽이 되고 방응모 선생이 성자를 따라 동방호수라고 지명을 붙인 것이 아닌가 필자의 생각이다.

아무튼 인도의 시성과 공자께서 우리나라를 가리켜 동방의 등불, 동방예의지국이라 한 것과 필자가 한·중·일 3국을 묶어 만든 관광단지 개발지 속에 동방 호수가 있으니 묘한 인연이 아닌가 싶다. 필자의 이름 또한 전재천全在天이다. 한자의 뜻을 풀이하면 온전한 하늘에 있다는 뜻이다. 이름 때문인지 알 수 없으나 유년기 때부터 별명이 호기심 천국이었을 만큼 새로운 도전의 연속으로 살아왔다. 남이 생각지 못하는 것을 기획하게 됐는지도 모를 일이다.

동방의 빛 타워를 기획했으니 독자들께 먼저 알려드려야겠다. 한·중·일 3국의 일반인들 모두 가상의 동물인 용龍을 다들 좋아한다. 특히 중국인들은 유난히 용龍을 좋아하고 일본 도쿄 시내에도 용龍을 모신 사찰이 있어 매일 관광객 수천 명씩 다녀간다. 그런데 용龍이 몇 종류인지 아는 이는 거의 없는 것 같다. 우리나라 경우 흔히 쓰는 말로 좌청룡, 우백호란 말을 자주 쓴다.

기업, 정치권에서 심복을 가리켜 오른팔, 왼팔 등과 함께 용龍이라는 표현을 쓴다. 가상의 동물이지만 극동 아시아 3국은 유난히도 용龍을 신성시한다. 무엇에서 유래되었는지 독자들께 들려 드리겠다. 이는 오행五行 원리에서 비롯되었다.

木, 火, 金, 水, 土 중 木의 방위는 동방이다. 동방의 수호신으로 나무의 성격인 푸른색 용이 청룡이다. 火는 남방을 가리키며 붉은색 용인 적룡이다. 金은 서방을 가리키며 백룡이다. 水는 북방을 말하며 흑룡이다. 土는 중앙을 가리키며 황룡이다.

중국의 황제는 황포라고 해서 황룡의 그림으로 된 황포 옷을 입는다. 우리의 역사는 왕의 역사다. 봉황 그림의 옷을 입으셨다. 고려 초기 왕건께서 황제나라를 선포한 바 있다. 역시 황룡포를 입었던 것이다.

아래 내용을 참조하기 바란다.

'청룡을 형상화한 타워 '동방의 빛"

왜? 관광개발에 있어 스토리텔링StoryTelling이 필요한지. 용은 '용, 봉황, 기린, 거북' 중 하나로 용을 가리켜 인충지장鱗蟲之丈이라 하며 용유구사龍有九似라, 아홉 가지 동물의 상을 다 포함할 정도로 길상의 최고 상징으로 여겨진다.

《삼자경》三字經 인충지장鱗蟲之長이기에 양을 뜻하며 용은 비늘의 줄기가 9라 해서 9×9=81, 곧 양수의 최고수인 9를 거듭 갖추고 있는 양陽의 극치인 동물이다. 특히 청룡은 동방의 수호신이며 오행 중 나무의 속성을 가진 존재이다. 그리하여 한·중·일 3국이 신성시하는 청룡을 형상화한 타워를 건립하여 '동방의 빛'이라 이름하고 최첨단 LED로 동방의 등불을 밝히고자 한다.

부동산 스토리텔링 접근법의 예

대한의 빛 타워 DMZ

필자는 이번 칼럼에서 지난 DMZ 세계 평화공원 內에 세 번째 소프트웨어 개발을 제안한다. 파리에는 에펠탑이 상징물이고 뉴욕에는 자유의 여신상, 도쿄에는 도쿄타워가 있다. 서울의 상징으로는 N서울타워를 들곤 한다. 하지만 N서울타워는 대한민국의 기술로 제작된 것이 아니다. 일제강점기 시대 일본기술자의 손에서 세워진 후 1975년 민영방송인 동양, 동아, 문화방송이 해발 479.7m, 철탑 101m, 탑신 135.7m로 새롭게 세워졌으나 대한민국을 대표하기엔 뭔가 부족한 듯 느껴지는 것도 사실이다.

한강의 수려함과 함께 지난 오세훈 시장 시절 '하이! 서울'이란 명명하에 한강을 비롯해 도시정비에 상당한 신경을 쓴 것이 국제도시로서 면모를 갖추게 되었다. 어느 나라이든 수도의 경우 그 나라 도시를 대표하는 만큼 청계천 복원부터 많은 노력 끝에 국제경쟁력 5위 도시라는 면모를 갖춘 것은 대단한 자부심이라 할 수 있다.

DMZ 세계평화공원 건설은 국제무대를 만들어야 한다. 대통령의 생각도 깊은 곳에서 발로가 되었으리라 믿는다. 남·북 교류에서부터 환경산업단지 건설, 무역전시센터 건립, 학술센터건립, 특히 한국·중국·일본, 3국의 문화의 장소로 한·중·일의 문·사·철 센터 건립, 여기에 또 하나, 남·북 대한민국을 대표하는 세계에서 하나밖에 없는 타워 건립안을 제안하겠다.

◇대한의 빛 타워= 청룡 하늘을 날다. 필자의 문화타운 기획 중 하나인 동방 빛 타워 그 자체를 대한민국을 대표하는 DMZ 內 세계평화공원 중앙에 설치한다면 과연 각국의 반응이 어떨까. 용을 가장 신성시하는 중국은 많이 놀라워할 것이다. 우리가 왜 미처 생각이 못 미쳤을까! 일본 또한 과연 대한민국, 아! 무릎을 치지 않겠는가?

높이는 TF 팀에서 지역과 환경을 판단한 다음 정하고 다만 용이 감고 돌아서 올라가는 전체 장면은 용의 비늘 사이가 아홉 마디인 것을 응용하여 9선 마디를 타원형으로 감고, 돌아 올라가는 형국이면 좋겠다. 1단계, 2단계 후 3단계부터 용이 올라가기 시작하는 시점부터 위쪽까지 길이는 81m라야 한다. 숫자 중 가장 높은 수 아홉수인 '9×9=81' 숫자의 의미 때문이다.

큰 틀에서 환경산업단지, 환경관련 무역전시센터, 문·사·철 학술센터, '빛 타워' 건립 등 큰 틀에서 3가지 기본 조건이 마련된다. 하드웨어 즉, 남·북 분단지대DMZ 중앙에서 개발된다는 점과 세계 최대 생태 보전지대란 점, 대한민국의 현실적인 극단적 대치국가에서 평화의 시작을 알린다는 점에서 대단한 바탕을 깔고 있다 할 것이다.

이것을 단순 관광개발의 일환으로 개발한다면 실패작이 되고 만다. 위에서 열거한 것처럼 산업과, 학술, 대한민국을 대표할 만한 소프트웨어가 안착되어야만 미래 21세기 새로운 대한민국의 새 활로가 열리게 된다.

관광에서 3락三樂이란?

부동산의 바탕^{뿌리}을 두고 개발하는 데 있어 관광산업의 기본이 무엇인지 짚어 보겠다. 독자들께서도 함께 생각해 보는 시간이 되었으면 한다.

국민들 다수는 관광의 기본을 두고 흔히들 즐거움 자체를 여행의 기본으로 삼는다. 즉 먹거리, 볼거리, 즐길 거리 등이다. 먹거리는 우리네 속담에 금강산 구경도 식후에 보자는 말이 있다. 그만큼 먹는 즐거움이 놀이문화의 첫째로 꼽힌다.

우리나라만 해도 지역에 따라 먹거리가 매우 다양하다. 한국의 지역 대표 음식으로는 북쪽으로 평양냉면을 비롯해서 남쪽으로는 전주 비빔밥, 춘천 막국수 등이 있으며 지역에 따라 수십 가지의 음식문화가 다양하다.

중국의 경우는 북방 쪽은 육류 음식 위주고 남방은 채소 중심의 음식문화가 발달되어 있다. 일본은 생선 위주로 회 종류가 섬나라인 만큼 최고의 음식문화를 자랑한다. 최근에는 한류 붐을 타고 한국 음식이 아시아권을 넘어 유럽에까지 붐이다. 비빔밥, 삼계탕, 하물며 간식으로 주로 학생들이 즐겨먹는 떡볶이까지 세계 시장을 점령하기 시작했다.

지난 정권 영부인께서 한식 세계대회를 개최하며 우리나라 음식문화를 세계인에게 알리는 행사를 한 바 있다. 이후 관광산업 관련 다양한 이벤트를 실시하며 발전적 노력을 기울여 왔다. 이처럼 우리 독자들께서도 해외여행을 체험하는 과정에서 그 나라 전통음식을 맛보았을 것이다. 그러면 오래도록 기억에 남아 있게 된다. 지금부터 관광산업에 있어 위에서 열거한 것처럼 먹고, 보고, 즐기는 흥락興樂을 더한 3락三樂이 갖추어져야만 관광의 진정성을 확보하게 되는 것이다.

흥락興樂은 볼거리축제, 문화거리를 비롯해서 공연 3국의 이벤트 등과 즐길 거리워터파크 각종 놀이기구 등에 위에서 열거한 음식문화를 합한 것이다. 오늘날까지 관광산업은 흥락興樂 중심에서 머물러 있다.

이제부터 개발 방향을 4차원으로 가보자. 문락文樂이다. 한·중·일의 문사철 센터 건립과 국제환경 산업센터, 한·중·일 각국

　　　　　　　　　　　　　　　땅 가진 거지 부자 만들기 Ⅱ

의 역사문화 타운 거리 조성, 3국의 전통체험관, 공공시설과 도서관 등이다. 끝으로 심락心樂이다. 힐링 센터를 비롯해 의료, 생태공원, 해양연안 학습지 생태 공원 등이다. 이처럼 개발 개념이 한 차원 넘어서 개발이 되었을 때 관광객 2,000~3,000만 명 시대가 열리는 것이다.

문화·역사·철학·환경에 의한 과거와 현재 미래가 공존하고 인간과 자연이 함께하는 최초의 다차원 테마 타운이 되는 것이다. 다양한 문화와 역사가 살아 숨 쉬는 신개념의 관광 랜드마크가 되어야 한다.

녹색 환경에너지신·재생에너지, LED, 태양광, 풍력 증수 활용을 통한 에너지 절약도시 구축 등 아시아를 넘어 전 세계 대표관광 명소로 자리매김할 수 있도록 다양한 시설 및 지속적인 프로그램 개발을 통해 미래를 향한 관광 선진화를 시켜야 한다.

의衣 전통의상
식食 전통음식
주住 전통건축
휴休 힐링케어
미美 녹색환경
락樂 워터파크

전통과 현재, 미래가 공존하는 흥락興樂, 문락文樂, 심락心樂이 삼락三樂인 것이다.

부동산 투자에 있어 미래를 보고 판단하여 투자하는 것이 원칙이다.

지금 시대는 빠르게 발전하고 있다. 필자의 생각이 집필되는 순간 중앙 정부를 비롯해 지방정부도 발 빠르게 지역 쉼터가 아닌 외지인세계인 관광객들이 찾아올 수 있는 방향으로 개발할 것이다.

독자들께서는 앞으로 부동산 투자 방향을 판단할 때 군·시·도청으로부터 관광단지 개발 여부를 확인하고 삼락三樂에 바탕을 둔 안목에서 투자를 해 보자.

제3부

토지개발 관련 법령

건축물의 건폐율 계산법

필자는 그동안 칼럼 60회 집필 후 잠시 휴식기를 보냈다. 필자의 의견대로 주택시장은 활성화 조짐이 일고 있다. 다만 아직 아쉬운 점은 토지시장의 규제완화 조치가 뒤따라야 한다는 것인데 그 제안을 다시 한번 종용을 한다.

앞으로 61회~80회까지는 독자들께서 딱딱하고 어렵겠지만 토지지목형질 변경 과정을 이해하기 쉽도록 20회 정도 집필하겠다. 소위 전문가들이 집필한 내용들은 법률용어 그 자체대로 집필하기 때문에 일반 독자들은 읽기는 해도 이해하기가 매우 어렵다. 지목형질 변경 과정은 공법에 속하므로 전문가들의 의견도 일부 포함될 것이다.

부동산 시장의 현 상황에서 아파트 시장은 반등의 소지는 있으나 고소득 시대는 저물었음을 모두 알고 있다. 결국은 토지시장

땅 가진 거지 부자 만들기 Ⅱ

인데 토지시장 역시 앞서 필자의 지적처럼 주택과 같은 취득세 완화, 양도세 소급 등을 하지 않는다면 시장 활성화는 불가능하다.

하지만 토지 경우 지목^{형질} 변경을 통한 세금절감 방법이 되며 단순한 임야, 농지에서 지목^{형질} 변경을 하므로 주택, 공장, 창고, 상업시설 등을 건축할 수 있고 토지의 가치는 기존 평가액의 2~3배 이상 높아질 수 있다.

그렇다면 토지 투자의 기본부터 알아보자. 지목^{형질} 변경이 우선되어야 하는데 이는 상당히 수준 높은 투자분석 기법이 된다. 분석과정을 설명하다 보면 여러 가지 전문용어가 사용된다. 그 중에는 독자 여러분들이 익숙한 용어도 있겠으나 전문용어로 익숙지 못한 경우 본론을 이해하기보다 교과서 공부를 한다는 생각이 들 만큼 어렵다. 필자는 군더더기는 모두 제거하고 꼭 필요한 단어 위주로 이해를 돕겠다. 하나의^{1필지} 토지에 건축물을 설치할 경우 건폐율, 용적률, 건축물 등의 용어가 사용된다.

농지거래 및 토지거래

도시지역 토지나 비도시지역 토지를 불문하고 토지의 가치는 토지의 활용에 따라 결정된다. 토지를 활용하는 수단 중에 가장 좋은 것은 해당 토지 위에 건축물을 짓는 것이다. 지목^{형질} 변경 분석기법도 궁극적으로 해당 토지를 어떻게 개발할 수 있을 것인가를 판단하느냐가 토지를 이해하는 데 중요한 요인이기 때문이다.

면적계산 공식

m² 평으로 환산하기: m²를 3.3058로 나누는 평수이다.

1,000m²/3.3058 = 302.5평이다.

평을 m² 환산하기: 평수에 3.3058을 곱하면 m²이다.

1,000평 x 3.3058 = 3,305.8 m²

일반적으로 계산기로 m²를 계산할 때는 0.3025m²로 통용되기도 한다.

건축물의 건폐율 계산법

대지면적에 대한 건축면적대지에 건축물이 둘 이상 있는 경우에는 이를 건축면적의 합계로 한다의 비율을 말한다. 최대한도는 국토의 계획 및 이용에 관한 법률약칭 국토계획법으로 부르기도 한다에서 정하고 있다.

적용 건폐율은 시·군마다 별도로 도시계획 조례로 정하고 있으므로 개발이나 건축을 할 경우에는 시·군 도시계획 조례에서 정한 건폐율을 참조하여 적용해야 한다.

건폐율이 높을수록 토지의 이용이 효율적이기 때문에 건폐율은 일반적으로 높을수록 좋은 것이다. 보존 용도로 분류된 녹지지역, 관리지역, 농림지역, 자연환경보전지역 토지에서는 계획관리지역을 제외하고는 개발이나 건축을 허가하더라도 건폐율을 최소한도인 20% 이하로 적용하고 있다.

용도지역에서의 건폐율

개발용도: 주거지역, 상업지역, 공업지역

주거지역: 50% 이하~70% 이하

상업지역: 70% 이하~90% 이하

공업지역: 70% 이하

보존용도: 녹지지역, 관리지역, 농림지역, 자연환경보전지역 모두 20% 이하, 단 계획관리지역은 40% 이하이다.

건폐율 계산하기

대지 1,000㎡ 위에 건축면적이 400㎡인 1층 건물 1동이 있는 경우 건폐율은 40%이다. 동일한 대지 위에 건축면적이 400㎡인 4층 건물 1동이 있어도 건폐율은 40%이다.

용도지역		건폐율	용적률
도심지역	주거지역	70% 이하	500% 이하
	상업지역	90% 이하	1500% 이하
	공업지역	70% 이하	400% 이하
	녹지지역	20% 이하	80% 이하
관리지역	보전관리지역	20% 이하	80% 이하
	생산관리지역	(다만, 성장관리방안을 수립한 지역의 경우 해당 지방자치단체의 조례로 125% 이내에서 완화하여 적용할 수 있다.)	
	계획관리지역	40% 이하	100% 이하
농림지역		20% 이하	80% 이하
자연환경보전지역		20% 이하	80% 이하

건축물의 용적률

독자들께서는 토지지목^{형질} 변경 과정에 따른 건폐율에 대하여 알아보았다. 조금은 생소한 면도 있을 것이다.

특히 수치 부분은 일반적으로 숙지되어 있지 않기 때문이다. 하지만 토지시장에 투자를 하려면 최소한 기본적인 부분은 알고 있어야 투자에 있어 판단을 빠르게 할 수 있다. 건축물에 따른 용적률 부분을 설명하겠다.

건축물의 용적률

대지면적에 대한 연면적^{대지에 건축물이 둘 이상 있는 경우에는 이를 연면적 총넓이의 합계로 한다}의 비율을 말한다. 용적률을 산정할 때는 지하층의 면적과 상층의 주차용^{해당 건축물의 부속용도인 경우만 해당한다}으로 쓰는 면적은 제외한다. 건폐율과 마찬가지로 최대한도는 '국토계획법'에서 정하고 있지만 적용 용적률은 시·군마다 '도시계획조례'

로 정하고 있으므로 개발이나 건축을 할 경우에는 시·군 '도시계획조례'에서 정한 용적률을 참조하여 적용하여야 한다.

용적률은 높을수록 토지의 이용이 효율적이기 때문에 용적률이 높으면 높을수록 비례해서 토지의 가치는 상승한다. 보존 용도로 분류된 녹지지역, 관리지역, 농림지역, 자연환경보전지역 토지에서는 개발이나 건축을 허가하더라도 최소한도에 그치게 하기 위하여서 용적률 50% 이하~100% 이하로 적용하고 있다.

용적률 계산하기

대지 1,000㎡ 위에 건축면적 600㎡ 1층 단독주택의 경우 용적률은 60%이다. 동일한 대지 위에 건축면적 600㎡ 2층 건물이 있으면 용적률은 120%가 된다.

계산 과정을 보면 1층 600㎡ + 2층 600㎡ / 1,000㎡ × 100 = 120%가 된다.

그렇다면 동일한 대지 위에 600㎡ 3층 건물의 경우 용적률은 180%, 4층 건물이 있으면 240%가 됨을 알 수가 있다.

다음은 건폐율과 용적률을 확인해 보자.

'개별공시지가확인서'처럼 내 땅의 건폐율과 용적률이 몇 %인지 한 번에 확인해 주는 문서는 없고 간접적으로 두 단계를 거쳐서 확인 가능하다. 부동산법 체계의 부족한 부분이고 일반인들이 쉽게 접근하기 어렵다

첫째, 건폐율과 용적률은 그 땅의 용도지역이 무엇인가에 따라 결정된다. 둘째, 토지의 용도지역은 '토지이용계획확인서'에 표시되어 있다. 셋째 용도지역별 건폐율 및 용적률은 해당 시·군의 '도시계획조례'에 정해져 있다.

정리해 보면 먼저 검토대상 토지의 '토지이용계획확인서'를 발급, 열람 받아서 그 토지의 용도지역이 무엇인지를 확인한 다음 그 용도지역에서 허용되는 건폐율과 용적률을 해당 시·군 '도시계획조례'를 통해서 확인하는 절차를 거쳐야 한다.

건폐율과 용적률은 절대적이다. 용도지역이 무엇이냐에 따라 건폐율과 용적률이 결정되기 때문이다. 용도지역은 도시계획의 큰 틀의 변경이 없는 한 고정적인 것이며 개인의 힘으로 변경이 불가능하다.

건축물의 용도에 대하여 알아보자.

건축물의 용도란 종류를 유사한 구조 이용목적 및 형태별로 묶어 분류한 것을 말한다.

땅 가진 거지 부자 만들기Ⅱ

건축물의 용도는 건축법 시행령에서 다음과 같이 29가지로 구분한다. 토지투자 분석에서는 해당 용도지역에서 '건축할 수 있는 건축물'을 판단하는 기준이기 때문이다.

1. 단독주택 2. 공동주택 3. 제1종 근린생활시설 4. 제2종 근린생활시설 5. 문화 및 집회시설 6. 종교시설 7. 판매시설 8. 운수시설 9. 의료시설 10. 교육연구시설 11. 노유자^{老幼者:노인 및 어린이}시설 12. 수련시설 13. 운동시설 14. 업무시설 15. 숙박시설 16. 위락시설 17. 공장 18. 창고시설 19. 위험물 저장 및 처리시설 20. 자동차 관련시설 21. 동물 및 식물 관련시설 22. 분뇨 및 쓰레기 처리시설 23. 교정 및 군사시설 24. 방송통신시설 25. 발전시설 26. 묘지 관련시설 27. 관광 휴게시설 28. 장례시설 29. 야영장시설

다음 칼럼에서는 용도별 건축물의 종류에 대하여 알아보겠다.

용도별 건축물의 종류
29가지에 대하여 알아보자

1. 단독주택

단독주택의 형태를 갖춘 가정어린이집, 공동생활가정, 지역아동센터 및 노인복지시설_{노인복지주택은 제외한다}

가. 단독주택

나. 다중주택

다. 다가구주택: 다음의 요건을 모두 갖춘 주택으로서 공동주택에 해당하지 아니하는 것을 말한다.

- 주택으로 쓰는 층수가 3개 층 이하일 것
- 1개동의 주택으로 쓰는 바닥면적의 합계가 660㎡ 이하일 것
- 19세대 이하가 거주할 수 있을 것

라. 공관公館

땅 가진 거지 부자 만들기 Ⅱ

2. 공동주택

공동주택의 형태를 갖춘 가정어린이집, 공동생활가정, 지역아동센터, 노인복지시설_{노인복지주택은 제외한다}, '주택법시행령' 제3조 제1항에 따라 원룸형 주택을 포함한다.

　가. 아파트: 주택으로 쓰는 층수가 5개 층 이상인 주택

　나. 연립주택: 주택으로 쓰는 1개동의 바닥면적_{지하주차장 면적은 제외한다} 합계가 660㎡를 초과하고 층수가 4개 층 이하인 주택

　다. 다세대주택: 주택으로 쓰는 1개 동의 합계가 바닥 면적 660㎡ 이하이고 층수가 4개 층 이하인 주택

　라. 기숙사

3. 제1종 근린생활시설

　가. 슈퍼마켓과 일용품_{식품, 잡화, 의류, 완구, 서적, 건축자재, 의약품, 의료기기 등} 등의 소매점으로서 같은 건축물에 해당 바닥면적의 합계가 1,000㎡ 미만인 것

　나. 휴게음식점 또는 제과점으로서 같은 건축물에 해당 바닥면적의 합계가 300㎡ 미만인 것

　다. 이용원·미용원, 목욕장 및 세탁소_{공장이 부설된 것과 '대기환경보전법', '수질 및 수생태계 보전에 관한 법률' 또는 '소음 진동관리법'에 따른 배출시설의 설치허가 또는 신고의 대상이 되는 것은 제외한다}

라. 의원. 치과의원. 한의원. 침술원. 접골원接骨院, 조산원 및
   안마원

마. 탁구장 및 체육도장으로서 같은 건축물에 해당 바닥면적의
   합계가 500㎡ 미만인 것

바. 지역자치센터, 파출소, 지구대, 소방서, 우체국, 방송국, 보
   건소, 공공도서관, 건강보험공단사무소, 그 밖에 이와 유사
   한 것으로서 같은 건축물에 해당 바닥면적의 합계가 1,000㎡
   미만인 것

사. 마을회관, 마을공동작업소, 마을공동구판장 그 밖에 이와
   유사한 것

아. 변전소, 양수장, 정수장, 대피소, 공중화장실, 그 밖에 이와
   유사한 것

자. 금융업소, 사무소, 부동산중개사무소, 결혼상담소, 소개업
   소, 출판사 등 일반 업무시설로서 같은 건축물에 해당 용도
   로 쓰는 바닥면적 합계 30㎡ 미만인 것

4. 제2종 근린생활시설

가. 일반음식점, 기원

나. 휴게음식점 또는 제과점으로서 해당 용도로 쓰는 바닥면적
   합계 300㎡ 이상

다. 서점으로서 제1종 근린생활시설에 해당하지 아니한 것

라. 테니스장, 체력단련장, 에어로빅장, 볼링장, 당구장, 실내
   낚시터, 골프연습장, 놀이형 시설, 그 밖에 이와 유사한 것

으로서 같은 건축물에 해당 바닥면적의 합계가 500㎡ 미만
인 것

마. 공연장_{극장. 영화관. 연예장. 음악당. 서커스장. '영화 및 비디오물의 진흥에 관한 법률' 제2조 제16호 가목에 따른 비디오물 감상실, 같은 호 나목에 따른 비디오물 소극장, 그 밖에 이와 유사한 것을 말한다} 또는 종교집회장으로서 같은 건축물에 해당 바닥면적의 합계가 500㎡ 미만인 것

바. 금융업소, 사무소, 부동산중개사무소, 결혼상담소 등 소개업소, 출판사 그 밖에 이와 유사한 것으로서 같은 건축물에 해당 바닥 면적의 합계가 500㎡ 미만인 것

사. 제조업소, 수리점, 세탁소, 그 밖에 이와 유사한 것으로서 같은 건축물에 해당 바닥면적의 합계가 500㎡ 미만이고 다음의 요건 중 어느 하나에 해당되는 시설

- '대기환경보전법', '수질 및 수생태계 보전에 관한 법률' 또는 '소음·진동관리법'에 따른 배출시설의 설치허가 또는 신고의 대상이 아닌 것

- '대기환경보전법', '수질 및 수생태계 보전에 관한 법률' 또는 '소음·진동관리법'에 따른 설치허가 또는 신고대상시설이나 귀금속, 장신구 및 관련제품 제조시설로서 발생되는 폐수를 전량 위탁 처리하는 것

아. 청소년게임제공업소, 복합유통게임제공업소, 인터넷컴퓨

터게임시설제공업소, 그 밖에 이와 비슷한 게임 관련 시설
로서 같은 건축물에 해당 용도로 쓰는 바닥 면적의 합계가
500㎡ 미만인 것

자. 사진관, 표구점, 학원같은 건축물에 해당 바닥면적의 합계가 500㎡ 미만
인 것만 해당되며, 자동차학원 및 무도학원을 제외한다, 직업훈련소같은 건축
물에 해당 바닥면적의 합계가 500㎡ 미만인 것을 말하되, 운전. 정비관련 직업훈
련소는 제외한다, 장의사, 동물병원, 독서실, 총포판매소, 그 밖
에 이와 유사한 것

차. 단란주점으로서 같은 건축물에 해당 바닥면적의 합계가
150㎡ 미만인 것

카. 의약품 판매소, 의료기기 판매소 및 자동차 영업소로서 같
은 건축물에 해당 바닥면적의 합계가 1,000㎡ 미만인 것

타. 안마시술소 및 노래연습장

파. 다중생활시설 '다중이용업소의 안전관리에 관한 특별법'에 따른 다중이용업
중 고시원 업의 시설로서 독립된 주거의 형태를 갖추지 아니한 것을 말한다., 건축
물에 바닥면적의 합계가 500㎡ 미만인 것

5. 문화 및 집회시설

가. 공연장으로서 제2종 근린생활시설에 해당하지 아니하는 것

나. 집회장예식장, 공회당, 회의장, 마권(馬券) 장외 발매소. 마권 전화투표소, 그
밖에 이와 유사한 것으로 제2종 근린생활시설에 해당하지 아니하는 것

다. 관람장경마장, 경륜장. 경정장, 자동차경기장 그 밖에 이와 유사한 것
과 체육관 및 운동장으로서 관람석의 바닥면적의 합계가

1,000㎡ 이상인 것을 말함

라. 전시장_{박물관, 미술관, 과학관, 문화관 체험관, 기념관, 산업전시장, 박람회장,} 그 밖에 이와 유사한 것을 말함

마. 동·식물원_{동물원, 식물원, 수족관, 그 밖에 이와 유사한 것을 말함}

6. 종교시설

가. 종교집회장으로서 제2종 근린생활시설에 해당하지 아니하는 것

나. 종교집회장_{제2종 근린생활시설에 해당하지 아니하는 것을 말함}에 설치하는 봉안당_{奉安堂}

7. 판매시설

가. 도매시장_{'농수산물 유통 및 가격 안정에 관한 법률'에 따른 농수산물 도매시장, 농수산물공판장. 그 밖에 이와 유사한 것을 말하며 그 안에 있는 근린생활 시설을 포함한다}

나. 소매시장_{'유통산업발전법' 제2조 제3호에 따른 대규모 점포. 그 밖에 이와 유사한 것을 말하며, 그 안에 있는 근린생활시설을 포함한다}

다. 상점_{그 안에 있는 근린생활시설을 포함한다}으로서 다음의 요건 중 어느 하나에 해당하는 것

제3호 가목에 해당하는 용도_{서점은 제외한다}로서 제1종 근린생활시설에 해당하지 아니하는 것

'게임산업진흥에 관한 법률' 제2조 제6호의 2가목에 따른 청소년게임제공업의 시설. 같은 조 제7조에 따른 인터넷컴퓨터 게임시설 제공업의 시설 및 같은 조 제8호에 따른 복합유통게임 제공업의 시설로서 제2종 근린생활시설에 해당하지 아니하는 것.

8. 운수시설

    가. 여객자동차터미널

    나. 철도시설

    다. 공항시설

    라. 항만시설

9. 의료시설

    가. **병원**종합병원, 병원, 치과병원, 한방병원, 정신병원 및 요양병원을 말한다.

    나. **격리병원**전염병원, 마약진료소, 그 밖에 이와 유사한 것을 말함

10. 교육연구시설(제2종 근린생활시설에 해당하는 것을 제외한다)

    가. **학교**유치원, 초등학교, 중학교, 고등학교, 전문대학, 대학, 대학교, 그 밖에 이에 준하는 각종 학교를 말함

    나. **교육원**연수원, 그 밖에 이와 유사한 것을 말함

    다. **직업훈련소**운전 및 정비관련 직업훈련소는 제외함

    라. **학원**자동차학원 및 무도학원은 제외함

    마. **연구소**연구소에 준하는 시험소와 계측계량소를 포함

    바. 도서관

11. 노유자 시설

가. 아동 관련시설영유아보육시설, 아동복지시설, 그 밖에 이와 유사한 것으로
서 단독주택, 공동주택 및 제1종 근린생활시설에 해당하지 아니하는 것을 말함

나. 노인복지시설단독주택과 공동주택에 해당하지 아니한 것을 말함

다. 그 밖에 다른 용도로 분류되지 아니한 사회복지시설 및 근
로복지시설

12. 수련시설

가. 생활권 수련시설'청소년활동진흥법'에 따른 청소년수련관, 청소년문화의집,
청소년특화시설. 그 밖에 이와 유사한 것을 말한다.

나. 자연권 수련시설'청소년활동진흥법'에 따른 청소년수련원, 청소년야영장,
그 밖에 이와 유사한 것을 말함

다. '청소년활동진흥법'에 따른 유스호스텔

라. '관광진흥법'에 따른 야영장시설로서 제29호에 해당하지 않
는 시설

13. 운동시설

가. 탁구장, 체육도장, 테니스장, 체력단련장, 에어로빅장, 볼
링장, 당구장, 실내낚시터, 골프연습장, 놀이형시설, 그 밖
에 이와 유사한 것으로서 제1종 근린생활시설 및 제2종 근
린생활시설에 해당하지 아니하는 것

나. 체육관으로서 관람석이 없거나 관람석의 바닥면적이 1,000
㎡ 미만인 것

다. 운동장_{육상장, 구기장, 볼링장, 수영장, 스케이트장, 롤러스케이트장, 승마장,}
_{사격장, 궁도장, 골프장 등과 이에 딸린 건축물을 말함}으로서 관람석이 없
거나 관람석의 바닥면적이 1,000㎡ 미만인 것

14. 업무시설

가. 공공업무시설: 국가 또는 지방자치단체의 청사와 외국공관
의 건축물로서 제1종 근린생활 시설에 해당하지 아니한 것

나. 일반업무시설: 금융업소, 사무소, 신문사, 오피스텔_{업무를 주}
_{로 하며, 분양하거나 임대하는 구획 중 일부 구획에서 숙식을 할 수 있도록 한 건}
_{축물로서 국토교통부 장관이 고시하는 기준에 적합한 것을 말한다}. 그 밖에
이와 유사한 것으로서 제2종 근린생활 시설에 해당하지 아
니한 것

15. 숙박시설

가. 일반숙박시설 및 생활숙박시설

나. 관광숙박시설_{관광호텔, 수상관광호텔, 한국전통호텔, 가족호텔, 호스텔, 소}
_{형호텔, 의료관광호텔 및 휴양 콘도미니엄}

다. 다중생활시설_{제2종 근린생활시설에 해당되지 아니한 것을 말함}

라. 그 밖에 가목부터 다목까지 시설과 유사한 것

16. 위락시설

가. 단란주점으로서 제2종 근린생활 시설에 해당되지 아니한 것

나. 유흥주점이나 그 밖에 이와 유사한 것

다. '관광진흥법'에 따라 유원시설업의 시설. 그 밖에 이와 유사
한 시설제2종 근린생활시설과 운동시설에 해당하는 것은 제외한다

17. 공장

물품의 제조·가공염색, 도장(塗裝), 표백, 재봉, 건조, 인쇄. 또는 수리에
계속적으로 이용되는 건축물로서 제1종 근린생활시설, 제2종 근
린생활시설, 위험물 저장 및 처리시설, 자동차 관련시설, 자연순
환관련시설 등으로 따로 분류되지 아니한 것

18. 창고시설(위험물 저장 및 처리시설 또는 그 부속 용도에 해당하는 것은 제외한다)

가. 창고물품저장시설로서 '물류정책기본법'에 따른 일반 창고와 냉장 및 냉동창고
를 포함한다.

나. 하역장

다. '물류시설의 개발 및 운영에 관한 법률'에 따른 물류터미널

라. 집배송시설[1] 상품의 주문처리·재고관리·수송·보관·하
역·포장·가공 등 집하 및 배송에 관한 활동과 이를 유기적
으로 조정 또는 지원하는 정보처리활동에 사용되는 기계·
장치 등의 일련의 시설

출처 토지이용 용어사전 2016. http://luris.molit.go.kr
제공처 국토교통부 http://www.molit.go.kr

---

1 상품의 주문처리·재고관리·수송·보관·하역·포장·가공 등 집하 및 배송에 관한 활동과 이를 유기적
으로 조정 또는 지원하는 정보처리활동에 사용되는 기계·장치 등의 일련의 시설.
출처 － 토지이용 용어사전 2016. http://luris.molit.go.kr 제공처 － 국토교통부 http://www.molit.go.kr

19. 위험물 저장시설 및 처리시설

가. 주유소_{기계식 세차설비를 포함한다} 및 석유 판매소

나. 액화석유가스충전소, 판매소, 저장소_{기계식 세차설비를 포함한다}

다. 위험물 제조소, 저장소, 취급소

라. 액화가스 취급소, 판매소

마. 유독물 보관, 저장, 판매시설

바. 고압가스 충전소, 판매소, 저장소

사. 도료류 판매소

아. 도시가스 제조시설

자. 화약류 저장소

차. 그 밖에 가목부터 자목까지의 시설과 유사한 것

20. 자동차 관련시설(건설기계 관련시설을 포함한다)

가. 주차장

나. 세차장

다. 폐차장

라. 검사장

마. 매매장

바. 정비공장

사. 운전학원 및 정비학원_{운전 및 정비관련 직업훈련 시설을 포함한다}

아. '여객자동차운수사업법', '화물자동차 운수사업법' 및 '건설기계관리법'에 따른 차고 및 주기장駐機場

21. 동물 및 식물 관련시설

가. 축사 양잠, 양봉, 양어시설 및 부화장 등을 포함한다

나. 가축시설가축용 운동시설, 인공수정센터, 관리사[管理使], 가축용 창고, 가축

　　시장, 동물 검역소, 실험동물 사육시설, 그 밖에 이와 유사한 것을 말함

다. 도축장

라. 도계장

마. 작물 재배사

바. 종묘 배양시설

사. 화초 및 분재 등의 온실

아. 식물과 관련된 마목부터 사목까지의 시설과 유사한 것동ㆍ식

　　물원은 제외한다

22. 자원순환관련시설

가. 하수 등 처리시설

나. 고물상

다. 폐기물 재활용시설

라. 폐기물 처분시설

마. 폐기물 감량화시설

23. 교정 및 군사시설(제1종 근린시설에 해당하는 것은 제외)

가. 교정시설보호감호소, 구치소 및 교도소를 말한다

나. 보호관찰소, 갱생보호시설, 그 밖에 범죄자의 갱생, 보육,

교육, 보건 등의 용도로 쓰는 시설

다. 소년원 및 소년분류심사원

라. 국방, 군사시설

24. 방송통신시설 (제1종 근린시설에 해당하는 것은 제외)

가. 방송국_{방송프로그램} 제작시설 및 송신, 수신, 중계시설을 포함한다

나. 전신전화국

다. 촬영소

라. 통신용 시설

마. 그 밖에 가목부터 라목까지의 시설과 유사한 것

25. 발전시설

발전소_{집단에너지 공급시설을} 포함한다로 사용되는 건축물로서 제1종 근린생활 시설에 해당되지 아니한 것

26. 묘지 관련시설

가. 화장시설

나. 봉안당_{종교시설에 해당하는 것은 제외한다}

다. 묘지와 자연 장지에 부수되는 건축물

라. 동물화장시설, 동물건조장乾燥葬시설 및 동물 전용의 납골시설

27. 관광 휴게시설

가. 야외음악당

     땅 가진 거지 부자 만들기 Ⅱ

나. 야외극장

다. 어린이회관

라. 관망탑

마. 휴게소

바. 공원. 유원지 또는 관광지에 부수되는 시설

28. 장례시설(의료시설의 부수시설에 해당하는 것은 제외)

29. 야영장시설(2016. 3. 22. 시행)

'관광진흥법'에 따른 야영장 시설관리동, 화장실, 샤워실, 대피소, 취사시설

등의 용도로 쓰는 바닥면적 합계 300m² 미만인 것

지적제도와 등기제도

지적제도와 등기제도

토지와 관련된 문서 '1. 등기부등본 2. 대장 3. 도면 4. 토지이용계획확인서' 4가지 중에서 대장과 도면을 지적공부라 한다. 지적공부는 행정부에서 관리하며 면적, 지목 등 토지의 물리적 현황을 공시해 주고 등기부등본은 사법부에서 관리하며 소유권, 저당권 등 권리관계를 공시해 준다.

부동산과 관련된 사항을 등기부에 기록하는 것을 등기한다고 하며 지적공부에 기록하는 것을 등록한다고 한다.

지적공부와 등기부의 이원화

지적공부는 부동산의 물리적 현황을 중심으로 공시하는 제도이며 등기부는 부동산의 권리관계를 중심으로 공시하는 제도이다. 대한민국의 경우 지적공부와 등기부의 이원화로 인해 상호간에 불일치 문제가 가끔씩 발생되고 있기도 하다. 부동산의 지목이나 면적 등의 사실관계에 관한 변동의 사항은 대장을 중심으로 이루어지며 변경된 대장에 기초하여 등기부의 변경이 이루어진다. 소유권 변동이 있는 경우에는 등기부에 소유권의 변동된 내용을 등기하면 변경된 등기부에 기초하여 대장의 소유자를 정리하게 된다. 따라서 대장에 표시된 면적, 지목 등과 등기부 표시된 면적, 지목 등이 서로 일치하지 않는 경우에는 대장을 기준으로 변경하고 대장에 표시된 등기명의인의 표시가 등기부와 일치하지 않는 경우 등기부를 기준으로 대장을 변경해야 한다.

권리관계를 나타내는 등기부등본

등기부등본은 소유권, 저당권 등 권리관계를 나타내는 서류이며 토지 경매에서 권리분석의 기초가 된다. 부동산 투자나 매매는 소유권 이전에 안전성 확보가 무엇보다도 중요하므로 등기부등본의 중요성은 아무리 강조해도 지나치지 않다. 그러나 투자를 위한 토지의 가치 평가와 관련해서 재건축, 재개발, 경매 등의 분야와는 달리 등기부등본은 높은 비중을 차지하지 않는다. 토지이용계획확인서와 대장 및 도면을 활용한 분석을 통해 투자 의사결정을 하고 마지막으로 명의이전을 하는 데 지장이 없나 확인할 때 최종적으로 보는 서류가 등기부등본인 것이다.

토지 투자에서 등기부등본은 공장, 창고, 전, 답, 임야 등 토지 관련 경매 물건을 컨설팅할 때 그 중요성이 커지며 그와 관련된 등기부등본 보는 법은 별도로 경매교육 과정을 통해 자세히 배우기 바란다.

진입로의 소유권 확인

토지의 개발을 전제로 한 투자에서 등기부등본이 차지하는 중요한 비중의 하나는 진입로로 사용하기 위한 도로나 토지의 소유권을 사전검토 단계에서 확인하는 데 있다. 만약 진입로로 사용하기 위한 도로나 토지의 소유권^{또는 관리권}이 국가나 지방자치단체 등에 있다면 사용승낙서^{진출입로점용허가}를 받기가 용이하며, 비용도 상대적으로 저렴하다.

그러나 소유자가 개인인 경우에는 사용승낙서의 승낙 여부도 불투명할 뿐 아니라 비용부담도 만만치 않은 경우가 발생할 수가 있다. 토지투자에서 해당 토지가 도로에 접한 것도 중요하지만 더 나아가 누구의 토지에 접하느냐도 접하는 것 여부 못지않게 중요한 것이다.

사실관계를 표시하는 토지대장, 임야대장

• 대장의 종류

대장에는 토지대장과 임야대장이 있으며 29개 지목 중에서 번지 앞에 '산'이 있는 번지 임야는 임야대장에 등록하고 '산' 자가 없는 번지의 임야와 나머지 지목은 토지대장에 등록한다.

• 대장의 등록사항

대장은 조세의 부과 징수와 행정 목적의 달성을 위해 부동산의 물리적인 현황과 소유자에 관한 사항을 행정부에서 직권으로 등록해 정리하도록 하고 있다. 토지대장 및 임야대장에는 '1. 토지의 소재 2. 지번 3. 지목 4. 면적 5. 소유자의 성명 또는 명칭 주소 및 주민등록번호'를 등록한다.

• '실전' 대장에서 주는 정보

토지대장과 임야대장은 토지의 투자·개발과 관련하여 '1. 면적 2. 지목 3. 필지분할 시점 4. 지목변경 시점'에 대한 정보를 제공해 준다.

사실관계를 표시하는 지적도, 임야도

• 도면의 종류

도면은 지적도와 임야도가 있다. '산' 번지 임야는 임야도에 등록하고 '산' 자가 없는 번지의 임야와 나머지 지목은 지적도에 등록한다.

도면의 등록사항: 지적도 및 임야도에는 '①토지의 소재 ②지번 ③지목 ④경계사항'을 등록한다.

도면에서 주는 정보: 지적도 및 임야도는 토지의 투자와 관련하여 '①토지의 형상 ②경계 ③주변필지

현황' 등에 대한 정보를 제공한다. 지적도와 임야도가 분리되어 임야도는 '산' 번지 토지만을 표시하고 지적도는 '산' 번지 외의 토지만을 표시하기 때문에 관리하는 행정관청은 편리할지 모르지만 소비자가 지적도와 임야도를 활용하여 투자가치 판단을 위한 정보를 얻기에는 매우 불편하다. 따라서 실무에서는 지적도와 임야도를 합친 지적임야도가 더욱 유용하게 사용되고 있다.

• 지적도상 1cm는 실제로 12m이다

지적도는 보통 1/1200 축적을 사용하고 임야도는 1/6000 축척을 사용한다. 따라서 지적도상 1cm는 실제로는 12m이며 임야도 1cm는 실제로 60m다. 이러한 축척을 이용하여 도로의 폭이나 해당 필지의 폭 그리고 도로에서 떨어진 거리 등을 추정할 수 있다.

토지대장 및 지적도에 등록된 임야 '토임'

토지대장 및 지적도에 등록된 임야 '토임'

번지 앞에 붙은 '산' 자의 의미

임야 중에는 번지 앞에 '산' 자가 붙은 임야가 있고 '산' 자가 없이 그냥 번지 뒤에 '임'이라는 지목만 붙은 임야가 있다. 이렇듯 번지 앞에 '산' 자가 붙지 않은 임야를 토임이라고 한다. 즉 토지대장에 등록된 임야를 말한다.

등록전환된 임야

임야대장 및 임야도에 등록된 토지를 토지대장 및 지적도에 등록시키는 것을 등록 전환이라고 한다. '토임'은 면적이 넓은 임야가 전원주택부지, 공장, 창고 등으로 허가를 받아 면적이 작은 필지로 분할되는 경우에 주로 발생한다.

가치평가에서 용도지역보다 하위 개념

 '토임'이라고 해서 다른 임야에 비해 개발이 쉬운 것이 아니며 물론 문제가 있는 것도 아니다. 용도지역을 기준으로 하여 허용되는 건폐율, 용적률, 건축할 수 있는 건축물을 적용하여 개발할 수 있는 것이다. 결국 다른 임야와 별반 차이가 없다.

토지공부의 시작과 끝 토지이용계획확인서

 토지이용계획확인서는 도시관리계획의 내용을 확인해 주는 것이다.

 시·군의 도시계획에는 도시기본계획과 도시관리계획이 있다. 도시기본계획이란, 도시의 기본적인 공간구조와 장기발전 방향을 제시하는 종합계획으로서 20년 정도의 기간을 바라보고 있으며 5년마다 재정비를 하고 있다.

 도시관리계획이란 도시기본계획을 기본으로 하여 토지의 용도지역, 용도지구, 용도구역, 도시계획시설, 지구단위계획 기반시설 부분에 대한 것을 지정하고 변경하는 계획을 말한다.

 도시관리계획의 명칭은 계획이지만 법의 외부 구속적 효력을 가지고 있으므로 토지를 개발하고자 할 때 도시관리계획에서 정한 용도에 적합하게 개발해야 하며 도시관리계획으로 결정되어 고시된 것을 확인해 주는 서류가 토지이용계획확인서이다.

   땅 가진 거지 부자 만들기 Ⅱ

발급해 주는 이유 중에 하나는 토지에 가해지는 공적규제가 그 토지 가격의 결정 및 변화에 매우 큰 영향을 미치기 때문이다. 도시구역 내 토지는 도시계획 사실 확인서, 비도시계획구역 내 토지는 국토이용계획 확인서로 이원화해 서류가 발급되었으나 1992년 9월 1일자로 도시구역 내의 토지를 불문하고 토지이용계획확인서로 일원화해 발급하고 있다.

토지이용계획확인서의 발급

과거에는 '국토계획법'에 의하여 토지이용계획확인서가 발급되었으나 2005년 12월 법이 개정되면서 현재는 '토지이용규제기본법'에 의하여 토지이용계획확인서가 발급되고 있다. 토지이용계획확인서에는 다음과 같이 표기하고 있다.

1. 지목, 면적, 공시지가

맨 위에 지목과 면적, 공시지가가 표시되고 있다. 아래에는 해당되는 항목 중심으로 여러 가지 정보가 제공되고 있다. 그리고 맨 하단에는 지적도와 임야도가 합쳐진 지적임야도가 서비스로 제공되고 있다.

2. '국토계획법'에 따른 지역, 지구 등

이 항목에는 '국토계획법'에 의한 용도지역을 필두로 해서 지역·지구 등이 표시된다. 다른 것은 다 표시되지 않아도 적어도 용도지역에 대한 정보 한 가지만은 반드시 표기된다.

- 생산관리지역

'국토계획법'상 용도지역은 생산관리지역에 해당된다. 따라서 생산관리지역에 의한 규제를 받는다.

3. 다른 법령 등에 따른 지역, 지구 등

'국토계획법' 외의 법령에 의하여 지정된 지역, 지구 등이 표시된다.

군사시설보호구역, '농지법'상 진흥지역, '산지관리법'상 보전산지 특별대책 1권역 개발제한구역 등에 관한 사항이 표시된다.

- 제한보호구역

해당 토지는 '군사기지 및 군사시설보호법'상의 저촉을 받는 군사시설보호구역에 해당하며 구체적으로 제한보호구역에 해당한다고 표시하고 있다. 또한 고도 8m 위임 지역임을 표시하고 있다.

- 농업진흥지역과 보전산지

해당 토지는 '농지법'상 농업진흥지역이나 '산지관리법'상 보전산지에는 해당되지 않기 때문에 표시되지 않고 있다.

4. '토지이용규제기본법' 시행령에 해당되는 사항

주로 토지거래허가구역에 해당되는 토지인지 여부를 표시해 준다.

해당란에 토지거래허가구역이라고 명백히 표시가 되어 있으면 허가 구역에 속하는 토지이다. 토지거래허가구역 토지에 해당되지 않으므로 표시되지 않고 있다.

5. 확인도면

확인도면란에는 지적도와 임야도를 합친 컬러판 지적임야도가
제공되고 있다. 컬러는 용도지역별로 서로 다르게 표시함으로써
컬러에 의한 용도 지역의 구분을 쉽게 할 수 있도록 하고 있다.
축척은 지적도의 기본축척인 1/1200로 표시하고 있다. 축척은
조정이 가능하다.

해당 필지를 자세히 보고 싶다면 네모 칸의 숫자를 낮게 하면
된다. 반대로 네모 칸의 숫자를 높게 하면 해당 필지는 작게 표시
되지만 해당 필지를 둘러싼 주변 현황을 파악하는 데 유용하다.

6. 토지투자 대상 8가지 용도지역

토지전문가 분석

토지를 전문적으로 배우기 위해서는 우선 토지공부에 들어가기
에 앞서 반드시 전제해야 할 것이 두 가지가 있다. 토지이용계획
확인서와 용도지역 중심으로 생각을 전환하라는 것이다.

문서는 대장과 등본 중심으로, 토지이용계획확인서 중심으로 판단하라

토지 또는 부동산과 관련하여 가장 중요한 문서는 토지이용계
획확인서다. 경매를 통해 부동산을 배우다 보면 권리관계 때문에
등본이 부동산 투자에서는 가장 중요한 것 같고 재개발 뉴타운에

서는 지분이 등본에 표기되어 있기 때문에 마치 등본이 부동산투
자에서는 가장 중요한 것으로 여길 수도 있다. 현장 중심으로 토
지를 시작한다면 대장과 도면이 가장 중요하다고 느낄 수 있다.
그러나 토지 또는 부동산에서 특히 개발이나 건축 측면에서 가장
중요한 서류는 토지이용계획확인서며, 전문가일수록 토지이용계
획확인서를 가장 중시한다. 토지이용계획확인서에서 첫 번째로
확인하는 사항이 용도지역이다.

토지는 지목 중심에서 용도지역 중심으로 판단하라

토지에 내공이 낮을수록 지목 중심으로 이야기한다. 즉 농지,
임야 또는 전·답·과·임 등으로 이야기한다. 그러나 지목은 토
지의 사용용도를 설명해주는 껍데기일 뿐이며 해당 토지의 개발
가능성이나 성장성 등에 대한 정보를 제공해주지 못한다. 용도지
역이 언급되어야 비로소 해당 토지에서 건축할 수 있는 건축물이
판단되는 것이다. 용도지역은 토지관련 문서 중 토지이용계획확
인서에서만 확인할 수 있다.

땅 가진 거지 부자 만들기 II

토지투자 대상 8가지 용도지역

1. 보전녹지지역

　도시의 자연환경, 경관, 산림 및 녹지 공간을 보전할 필요가 있
는 지역

2. 생산녹지지역

　주로 농업적 생산을 위하여 개발을 유보할 필요가 있는 지역

3. 자연녹지지역

　도시의 녹지 공간 확보, 도시확산의 방지, 장래 도시용지의 공
급 등을 위하여 보전할 필요가 있는 지역으로서 불가피한 경우에
한하여 제한적인 개발이 허용되는 지역

4. 보전관리지역

　자연환경보호, 산림보호, 수질오염방지, 녹지 공간 확보 및 생

태계 보전 등을 위하여 보전이 필요하나 주변 용도지역과의 관계
등을 고려할 때 자연환경보전지역으로 지정하여 관리하기가 곤란
한 지역

5. 생산관리지역

농업, 임업, 어업, 생산 등을 위하여 관리가 필요하나 주변 용
도지역과의 관계 등을 고려할 때 농림지역으로 지정하여 관리하
기가 곤란한 지역

6. 계획관리지역

도시지역의 편입이 예상되는 지역이나 자연환경을 고려하여 제
한적인 이용·개발을 하려는 지역으로 계획적·체계적인 관리가
필요한 지역

7. 농림지역

도시지역에 속하지 아니하는 '농지법'에 따른 농업진흥지역 또
는 '산지관리법'에 따른 보전산지 등으로서 농림업을 진흥시키고
산림을 보전하기 위하여 필요한 지역

8. 자연환경보전지역

자연환경, 수자원, 해안, 생태계, 상수원 및 문화재의 보전과
수산자원의 보호·육성 등을 위하여 필요한 지역

관리지역 세분화

 관리지역은 투자 및 개발이 집중되는 토지이며, 그중에서도 계획관리지역이 집중되고 있다. 관리지역은 처음에는 준농림지역으로 출발하였으나 관리지역으로 이름이 변경된 후 보전관리지역, 생산관리지역, 계획관리지역으로 세분화되었다.

가치가 더욱 높아진 개발적성의 계획관리지역

 관리지역이 세분화되기 전에는 다 같은 관리지역이었지만, 세분 이후에는 건축할 수 있는 건축물의 차이에 의해서 관리지역별 가치의 차이가 크게 발생하였다. 개발 측면에서 과거의 준농림지역이나 관리지역의 계보를 계승한 것은 계획관리지역이다. 관리지역을 세분화하면서 계획관리지역의 비율은 시·군마다 차이가 있지만 50% 내외를 차지하게 됨으로써 결과적으로 개발이 용이한 토지의 비율이 줄어들게 되었고 그만큼 가치는 상대적으로 높아지게 되었다.

상대적으로 낮게 평가해야 할 보전 및 생산관리지역

 보전관리지역이나 생산관리지역도 같은 관리지역이지만 개발 측면에서는 과거의 관리지역에 비하여 가치가 현저히 낮아졌다. 건폐율도 20% 이하로 줄었고 무엇보다도 건축할 수 있는 건축물의 범위가 현저히 축소되었기 때문이다. 수도권에서 가장 일반적이고 가치 있는 개발행위는 공장, 일반창고, 일반음식점가든. 카페 숙박시설 등이다. 그러나 이러한 건축물은 이제 계획관리지역에서만 가능하고 보전 및 생산관리 지역에서는 불가능하다.

미세분 관리지역의 세분화

토지적성평가라는 과정을 거쳐서 보전관리지역, 생산관리지역, 계획관리지역 중 하나로 세분화하게 된다. 계획관리지역으로 분류되면 토지소유자에게는 최대의 축복이라 할 수 있을 것이다. 과거에는 개별통보를 하지 않고 관리지역 세분화를 진행하여 민원이 발생되는 경우가 있었다. 현재는 개별통보를 하고 있다. 토지소유자는 이의신청이 필요한 경우 이의신청 기간을 놓치지 말아야 한다.

                                    땅 가진 거지 부자 만들기 Ⅱ

농지투자 농지용어 이해하기

농지란?

농지란 다음의 어느 하나에 해당하는 토지를 말한다. 현장에서는 특별한 사항이 없으면 지목을 기준으로 전, 답, 과수원을 농지라고 이해하면 된다.

– 전, 답, 과수원, 그 밖에 법적 지목을 불문하고 실제는 농작물 경작지 또는 다년생물 재배지로 이용되는 토지. 다만 '초지법'에 따라 조성된 초지 등 대통령령으로 정하는 토지는 제외한다.

농업인이란?

농업에 종사하는 개인으로서 다음 중 어느 하나에 해당하는 자를 말한다.

– 1,000㎡ 이상의 농지에서 농작물 또는 다년생식물을 경작

또는 재배하거나 1년 중 90일 이상 농업에 종사하는 자
  - 농지에 330㎡ 이상의 고정식 온실, 버섯재배사, 비닐하우스,
    그 밖에 농림수산식품부령으로 정하는 농업생산에 필요한 시
    설을 설치하여 농작물 또는 다년생식물을 경작 또는 재배하
    는 자
  - 대가축 2두, 중가축 10두, 소가축 100두, 가금 1천 수 또는
    꿀벌 10군 이상을 사육하거나 1년 중 120일 이상 축산업에
    종사하는 자
  - 농업 경영을 통한 농산물의 연간 판매액이 120만 원 이상인 자

자경농이란?

농업인이 그 소유 농지에서 농작물 경작 또는 다년생식물 재배
에 상시 종사하거나 농장업의 1/2 이상을 자기의 노동력으로 경
작 또는 재배하는 것과 농업법인이 그 소유 농지에서 농작물을
경작하거나 다년생식물을 재배하는 것을 말한다.

농지의 전용이란?

농지의 전용이란 농지를 농작물의 경작이나 다년생식물의 재배
등 농업생산 또는 농지개량 외에 용도로 사용하는 것을 말한다.

농지의 소유 상한이란?

농지의 소유 상한과 관련하여서 '농지법'에서는 다음의 경우에
한하여 한도를 정하고 있다.

          땅 가진 거지 부자 만들기 II

- 상속으로 취득한 농지를 자기의 농업경영으로 이용하지 않는 경
  우에는 그 상속 농지 중에서 1만 ㎡ 미만까지만 소유할 수 있다.

- 8년 이상 농업경영을 한 후 이농하는 자는 이농 당시 소유 농
  지 중에서 1만 ㎡까지만 소유할 수 있다.

농지원부란?

　농지원부란 농지의 소유와 이용실태를 파악하고 이를 효율적으로 이용 관리하기 위하여 시·군·읍·면장이 작성하여 두는 것을 말한다.

　농지원부는 농업인, 농업법인, 준농업법인별로 작성이 된다. 농지원부가 2년 이상 경과하고 농지의 소재지나 연접 시·군에 거주하면서 도시지역에 해당하지 않는 농지를 취득할 경우에는 전체 보유농지의 면적이 3만 ㎡를 넘지 않는 범위 내에서 취득세와 등록세를 50% 감면받을 수 있다.

농지원부의 발급

　신청자의 주소지 구청이나 면사무소에 신청하면 토지소재지의 읍·면·동 주민센터에 의뢰를 한다. 의뢰를 받은 토지소재지 산업팀 산업계에서 담당 이장 등과의 실사를 거쳐 발급한다. 신청 시 구비서류도 토지대장 등 비교적 간단하다.

농지원부와 농지경매

농지원부와 농지의 경매입찰 자격과는 전혀 무관하므로 농지원부가 없어도 농지의 경매 입찰은 가능하다.

농지원부와 농지취득자격증명

농지취득자격증명은 농지원부와 무관하게 발급된다.

농지원부와 양도소득세

소유자가 농지소재지 또는 연접 시·군에 거주하면서 8년 이상 자경을 하면 양도세 감면을 받을 수 있다. 실질과세 원칙에 의하여 농지원부는 자경여부에 대한 증거 방법 중에 하나이며 농지원부가 없어도 실제 자경을 입증할 수 있으면 된다.

농지취득자격증명이란?

농지는 자기의 농업경영에 이용하거나 이용할 자가 아니면 소유하지 못한다. 따라서 농지를 임대목적으로는 취득하지 못하며 농지를 취득할 때는 농지를 취득할 수 있는 자격여부를 심사받게 된다. 경매나, 매매를 통해 농지에 투자하는 경우에 불법으로 전용된 농지가 항상 문제가 된다.

농지취득자격증명 발급대상 농지에 소유권 등기를 신청할 때에는 농지취득자격증명을 첨부해야 하는데 불법 전용된 농지는 농지취득자격증명이 발급되지 않기 때문이다.

낙찰받은 농지가 농지취득자격증명이 발급되지 못하는 농지라
면 입찰보증금을 몰수당하는 경우도 있을 수 있기 때문에 특히
경매에서는 농지취득자격증명의 중요성이 더욱 크다고 할 수 있다.
임야는 취득자격증명제도가 없다. 따라서 토지거래허가구역이 아
니면 누구나 임야를 취득할 수 있다.

농지취득자격증명이 불필요한 농지

농지에 투자하는 경우에는 농지취득자격증명이 불필요한 농지
에 해당되는지 여부를 먼저 판단해야 한다. 다음에 해당하는 경
우에는 농지를 취득할 경우에 농지취득자격증명을 필요로 하지
않는다.

- 상속_{상속인에게 한 유증을 포함한다}에 의하여 농지를 취득하는 경우
- 농지저당권자_{금융기관 등}가 그 담보 농지를 취득하는 경우
- 도시지역 안에 주거지역, 상업지역, 공업지역, 농지에 해당
  토지의 용도지역이 주거지역이나 상업지역, 공업지역으로 표
  시된 토지는 농지일지라도 취득할 경우에 농지취득자격증명
  을 필요로 하지 않는다. 따라서 농지취득자격증명 신청을 하
  면 주거지역, 상업지역, 공업지역에 해당되는 토지라는 사유
  로 반려 통지를 한다.
- 도시계획시설 예정지로 지정 또는 결정된 농지
- 도시지역 안의 녹지지역 및 개발제한구역 안의 농지에 대하
  여 개발행위의 허가를 받거나 토지형질변경 허가를 받은 농지

농지취득자격증명 발급 대상

　농지취득자격증명 발급 대상은 농지를 취득하고자 하는 다음과 같은 사람들이다.

- 농업인 또는 농업인이 되고자 하는 자
- 농업법인
- 주말·체험 영농을 하고자 하는 농업인이 아닌 개인
- 농업전용 허가를 받거나 농지전용 신고를 한 자

　따라서 현재 농업인이 아니라 할지라도 개인은 농지를 취득할 수 있으며, 농업 법인이 아닌 일반 법인은 농지를 취득할 수 없다. 그러나 일반 법인이 해당 농지를 취득해서 공장이나 창고부지 등의 사업목적으로 활용하고자 한다면 개발행위허가를 받아서 농지를 취득할 수 있다.

산지투자 준보전산지와 보전산지

산지

'산지'의 법률적 정의는 다음에 해당하는 토지를 말한다.

현장에서는 특별한 사항이 없으면 지목을 기준으로 불법 전용되지 않은 임야를 산지라고 이해하면 된다.

- 임목·죽이 집단적으로 생육하고 있는 토지
- 집단적으로 생육한 임목·죽이 일시 상실된 토지
- 임목·죽의 집단적 생육에 사용하게 된 토지
- 임도, 작업로, 등산길
- 가목 내지 다목의 토지 안에 있는 암석지 및 소택지

산지에서 제외되는 토지(산지관리법 시행령 제2조)

가. 과수원, 차밭, 꺾꽂이순 또는 접순의 채취원採取園
나. 임목·죽이 생육하고 있는 건물 담장 안의 토지
다. 임목·죽이 생육하고 있는 논두렁, 밭두렁

라. 임목·죽이 생육하고 있는 토지로서 '하천법' 제2조 제1호에
따른 하천

마. 임목·죽이 생육하고 있는 토지로서 '측량, 수로조사 및 지
적에 관한 법률' 제67조에 따른 제방, 구거 및 유지

산지의 전용?

산지의 전용이란 산지를 조림·육림 및 토석의 굴취, 채취 그
밖에 대통령령이 정하는 임산물 생산의 용도 외로 사용하거나 이
를 위하여 산지의 형질을 변경하는 것을 말한다.

산지의 구분?

산지는 크게 보전산지와 준보전산지로 구분하여 해당 여부는
토지이용계획확인서를 보고 판단한다. 토지이용계획확인서에는
산지는 보전산지, 준보전산지로 명확히 구분하여 표하고 있으며,
보전산지는 공익용 또는 임업용이라고 구체적으로 표시되어 있다.

준보전산지의 개발

준보전산지는 보전산지 이외 산지를 말한다. 산지란 아무런 표
시가 없거나 준보전산지라고 명확히 표시되어 있는 준보전산지는
용도지역을 기준으로 어떤 건축물로 개발할 수 있을 것인가를 판
단한다. 즉 해당 토지의 용도지역이 '계획관리지역' 또는 '생산관
리지역' 등으로 표시되어 있으면, 해당 용도지역에서 허용되는 건
폐율, 용적률, 건축할 수 있는 건축물 3가지를 적용하여 해당 토

지를 개발할 수 있는 것이다. 따라서 일반 토지투자 지침서에서 산지는 보전산지와 준보전산지의 토지로 구분한다고 설명해 놓고 보전산지에 대해서는 설명이 많으면서도 준보전산지의 토지에 대해서는 불과 몇 줄밖에 설명이 없는 이유가 여기에 있다.

보전산지 산지전용. 일시사용제한지역

－산지전용. 일시사용제한지역이란?

산지전용. 일시산지전용제한지역은 산지로서 공공의 이익증진을 위하여 주요 산줄기의 능선부나 명승지, 유적지 등에 보전할 가치가 있다고 산림청장이 지정한 지역을 말한다.

산지전용. 일시사용제한지역에서 할 수 있는 행위

산지전용. 일시사용제한지역으로 지정된 산지에서는 '산지관리법' 제10조에 의하여 다음과 같이 극히 제한적인 11가지 행위만을 할 수 있다. 예시에서 알 수 있듯이 신재생에너지의 이용, 보급을 위한 시설의 설치 정도를 빼고는 사업성 있는 행위를 할 수가 전혀 없다. 따라서 특별하지 않는 한 산지전용. 일시사용제한지역이라고 토지이용계획확인서에 표시가 된 토지는 투자나 개발 가능성이 매우 낮은 토지라고 분석할 수 있다.

- 국방, 군사시설의 설치
- 사방시설, 하천, 제방, 저수지, 그 밖에 이에 준하는 국토보
  전시설의 설치

- 도로, 철도, 석유 및 가스공급시설. 그 밖에 법령으로 정하는
  공용, 공공용 시설의 설치
- 산림보호, 산림자원의 보전 및 증식을 위한 시설로서 법령으
  로 정하는 시설에 설치
- 임업시험 연구를 위한 시설로서 법령으로 정하는 시설의 설치
- 매장 문화재의 발굴, 문화재와 전통사찰의 복원, 보수·이전
  및 그 보존 관리를 위한 시설의 설치, 문화재·전통사찰과 관
  련된 비석, 기념탑, 그 밖에 이와 유사한 시설의 설치
- 다음 각 목의 어느 하나에 해당하는 시설 중 대통령령으로
  정하는 시설의 설치

가. 발전. 송전시설 등 전력시설
나. '신에너지 및 재생에너지 개발·이용·보급 촉진법'에 따른
   신재생 에너지의 이용·보급을 위한 시설
- '광업법'에 따른 광물의 탐사, 시추시설의 설치 및 법령으로
  정하는 갱내 채굴
- '광산피해의 방지 및 복구에 관한 법률'에 따른 광해방지시설
  의 설치
- 제1호부터 제9호까지의 규정에 따른 시설을 설치하기 위하
  여 대통령령으로 정하는 기간 동안 임시로 설치하는 각 목의
  어느 하나에 해당하는 부대시설의 설치

가. 진입로

나. 현장사무소

다. 지질, 토양의 조사, 탐사시설

라. 그 밖에 주차장 등 농림수산식품부령으로 정하는 부대시설

－ 제1호부터 제9호까지의 시설 중 '건축법'에 따른 건축물과 도로를 연결하기 위한 절·성토 사면을 제외한 유효너비가 3m 이하이고 그 길이가 50m 이하인 진입로의 설치

공익용 보전산지 개발

공익용산지

임업 생산과 함께 재해방지, 수자원보호, 자연생태계보전, 자연경관 보전, 국민보건휴양증진 등의 공익기능을 위하여 필요한 산지로 산림청장이 지정한 산지를 '공익용보전산지'라고 한다.

현장에서는 토지이용계획확인서 산지란에 보전산지 중 공익용으로 표시되어 있는 토지를 말한다.

공익용 산지에서 할 수 있는 행위

분석대상 토지가 토지이용계획확인서에 '농림지역 보전산지 공익용' 이렇게 표시된 공익용 산지에서는 '산지관리법' 제12조에 의하여 다음 행위를 할 수 있다.

– 산지전용. 일시사용제한지역에서 할 수 있는 행위 중 제1호

부터 제9호까지 시설의 설치

- 임업용 산지에서 할 수 있는 행위 제2호, 제3호, 제6호 및 제 7호의 설치

- 임도, 산림경영관리사 등 산림경영과 관련된 시설 및 산촌산 업개발 시설 등 산촌개발사업과 관련된 시설로서 법령이 정 하는 시설의 설치

- 임도, 작업로 및 임산물 운반로

- 임업인_{연중 90일 이상 임업에 종사하거나 임업 경영을 통한 임산물의 연간 판매} _{액이 120만 원 이상인 자}이 산림경영을 목적으로 설치하거나 임산 물 소득원의 지원대상 품목을 생산·가공·유통하기 위한 다 음 각 목의 어느 하나에 해당하는 시설

가. 부지면적 1만 ㎡ 미만의 임산물 생산시설 또는 집하시설

나. 부지면적 3천 ㎡ 미만의 임산물 가공·건조·보관시설

다. 부지면적 1천 ㎡ 미만의 임업용 기자재 보관시설 및 임산물 전시, 판매시설

라. 부지면적 200 ㎡ 미만의 산림경영관리사 및 대피소

- '궤도운송법'에 따른 궤도

- '임업 및 산촌진흥촉진에 관한 법률' 제25조에 따른 산촌개발 사업으로 설치하는 부지면적 1만 ㎡ 미만의 시설

- 수목원·자연휴양림·수목장림·삼림욕장·산책로·탐방로·등 산로·전망대 및 자연관찰원, 산림전시관, 목공예실, 숲속교실, 숲속수련장, 산림박물관, 산림교육자료관 등 산림교육시설

- 광물, 지하수 그 밖에 대통령령이 정하는 지하자원 또는 석

재의 탐사·시추 및 개발과 이를 위한 시설의 설치

• 산사태 예방을 위한 지질·토양의 조사와 이에 따른 시설의
  설치

* 교육, 연구 및 기술 개발과 관련된 시설의 설치 중 대통령령
  으로 정하는 시설의 설치

– '기초연구진흥 및 기술개발지원에관한법률' 제4조 제1항 제2
  호의 규정에 의한 기업부설연구소로서 교육과학기술부장관의
  추천이 있는 사실
– '특정 연구기관 육성법' 제2조 규정에 의한 특정연구기관이
  교육 또는 연구목적으로 설치하는 시설
– '과학기술기본법' 제9조 제1항의 규정에 의한 국가과학기술
  위원회에서 심의한 연구개발사업 중 우주항공기술 개발과 관
  련된 시설
– '초·중등 교육법' 및 '고등교육법'에 따른 학교시설

* 대통령령으로 정하는 규모 이하로서 다음 각 목의 어느 하나
  에 해당하는 행위. '대통령령이 정하는 규모 이하'는 단 다음
  각 호의 구분에 따른 규모 이하를 말한다.

– 농림어업인의 주택 또는 종교시설을 증축하는 경우 => 종전
  주택 시설연면적의 130/100 이하

- 농림어업인의 주택 또는 종교시설을 개축하는 경우 => 종전 주택 시설연면적의 100/100 이하
- 법 제12조 제2항 제4조 가목 단서에 따라 농림어업인이 자기 소유의 산지에서 농림어업을 경영하면서 실제로 거주하기 위하여 신축하는 주택 및 그 부대시설 => 부지면적 660㎡ 이하
- 법 제12조 제2항 제4호 다목에 따라 신축하는 사찰 및 그 부대시설 => 부지면적 1만 5천 ㎡ 이하

가. 농림어업인 주택의 신·증축 또는 개축. 다만 신축의 경우에는 대통령령이 정하는 주택 및 시설에 한정한다.

나. 종교시설 증축 또는 개축

다. 공익용 산지로 지정된 사찰림의 산지에서 사찰신축

* 공용. 공공용사업을 위하여 필요한 시설의 설치

가. 공기업·준정부기관·지방공사·지방공단이 시행하는 사업으로 설치하는 시설로서 농림수산식품부령으로 정하는 시설 => 공항, 항만, 운하, 수질오염방지시설, 공원시설 등

나. 폐기물처리시설 중 국가 또는 지방자치단체가 설치하는 폐기물처리시설

다. 광해를 방지하기 위한 시설

* 그 밖에 산나물, 야생화, 관상수의 재배, 농로의 설치 등 공익용 산지의 목적달성에 지장을 주지 아니하는 범위 안에서

법령이 정하는 행위

임산물 생산·가공·집하·판매시설 등의 행위 등이 가능하다.

우주항공기술 개발과 관련된 시설의 설치도 가능하다. 종교시설의 증축·개축은 가능하지만 신축은 허용하지 않는다. 단, 사찰림으로 지정된 산지에서는 사찰의 신축은 가능하다.

산지전용·일시사용제한지역보다는 허용되는 건축물의 범위가 조금 넓기는 하지만 개발해서 분양할 수 있는 사업성 있는 건축물은 별로 없다.

따라서 공익용 보전산지라고 토지이용계획확인서에 표시된 토지는 앞에서 열거한 항목 중에 없다면 투자가치는 매우 낮은 토지라고 할 수 있다.

임업용 보전산지 개발 임업용 산지

산림자원의 조성과 임업생산 기능의 중심을 위하여 필요한 산지로서 산림청장이 지정한 산지를 말한다. 현장에서는 토지이용계획확인서 산지란에 보전산지 중 임업용으로 표시되어 있는 토지를 말한다.

임업용 산지에서 할 수 있는 행위

임업용 산지는 토지이용계획확인서에 '보전산지 임업용'이라고 표시되어 있다. '산지관리법' 제12조에 의하여 다음의 행위를 할 수 있다.

공익용 보전산지보다는 허용되는 건축물의 범위가 넓고 다양하다. 임산물 생산, 가공, 집하, 판매시설 등의 행위 등이 가능하다.

660㎡ 미만의 농림어업인의 주택도 가능하다. 종교시설이나

병원, 사회복지시설, 청소년수련원 등의 시설도 가능하다. 기도원 등 종교시설이나 청소년 수련시설, 묘지 등의 부지로 값싸고 넓게 제공되는 부지가 임업용 보전산지이다. 공익용 보전산지보다는 활용범위가 넓기는 하지만 앞서 언급한 건축물에 100% 적합한 부지에 해당되어야 가치를 발휘할 수 있는 토지이며 그렇지 않은 부지라면 비록 값이 싸다고 해서 투자가치가 있는 것은 아니다.

산지정보시스템

임야의 투자와 관련해서 투자자들이 궁금해하는 정보 중의 하나가 해당 토지의 경사도와 표고에 대한 정보이다. 그런 정보를 과거에는 비용을 들이고 측량에 의해서 얻을 수 있었으나 이제는 산지정보시스템www.forestland.go.kr에 접속해서 무료로 손쉽게 얻을 수 있다. 산지정보시스템은 산림청에서 운영하는 산지정보에 대한 종합시스템이다. 산지구분현황, 산지용도별현황, 지형정보, 토양정보, 산림정보, 인·허가 정보 등 분야별로 상세한 정보가 제공되고 있다. 다만, 인·허가와 관련하여 서비스시점 등의 차이로 인하여 사실과 차이가 날 수 있으므로 절대 정보가 아니고 참조용 자료로만 활용하여야 한다.

산지구분현황

보전산지와 준보전산지의 면적비율에 대한 정보를 제공한다. 보전산지 내에서도 공익용과 임업용의 면적비율을 보여준다.

산지 용도별 현황

사방지, 보안림, 산지전용제한지역 저촉 여부 등에 대한 정보를
제공해 준다.

지형정보

표고와 경사도에 대한 정보를 제공해 준다.

토양정보

건습도, 토심, 토성, 구릉지 등에 대한 정보를 제공해 준다.

산림정보

영급, 소밀도 등에 대한 정보를 제공해 준다.

인·허가 정보

산지전용 인·허가, 토석채취 인·허가에 대한 정보를 제공해
준다.

개발행위허가란?

• 개발행위허가 진행 과정

토지이용과 관련된 개발행위 중 도시계획 차원에서 검토가 필
요하거나 관리하는 것이 타당하다고 판단되는 경우에는 '국토계
획법'에 의거하여 특별시장·광역시장·시장 또는 군수의 허가를
받도록 하고 있으며, 이것을 개발행위허가제도라고 한다. 즉, 개

발행위허가 제도는 계획의 적정성, 기반시설의 확보 여부, 주변 환경과의 조화 등을 고려하여 개발행위에 대한 허가여부를 결정함으로써 계획에 의한 개발이 이루어지도록 하기 위한 제도이다.

그에 따라 농지나 산지를 전용하여 주택부지, 공장부지, 창고부지 등을 조성하기 위해서는 반드시 개발행위 허가를 받아야 한다.

다음과 같이 6가지가 있다. 건축물의 건축 토지의 형질변경 등 6가지 행위를 하려는 자는 특별시장·광역시장·시장 또는 군수의 개발행위허가를 받아야 한다.

- 건축물의 건축 =〉 '건축법' 제2조 제1항 제2호에 따른 건축물의 건축
- 공작물의 설치 =〉 인공을 가하여 제작한 시설물의 설치'건축법' 제2조 제1항 제2호에 따른 건축물 제외
- 토지의 형질변경 =〉 절토, 성토, 정지, 포장 등의 방법으로 토지의 형상을 변경하는 행위와 공유수면의 매립경작을 위한 토지의 형질변경 제외
- 토석채취 =〉 흙, 모래, 자갈, 바위 등의 토석을 채취하는 행위토지의 형질변경을 목적으로 하는 것 제외
- 토지의 분할, 다음 각 목의 어느 하나에 해당하는 토지의 분할'건축법' 제57조에 따른 건축물이 있는 대지는 제외

　가. 녹지지역, 관리지역, 농림지역 및 자연환경보전지역 안에서 관계 법령에 따른 허가·인가 등을 받지 아니하고 행하는 토지의 분할

나. '건축법' 제57조 제1항에 따른 분할제한면적 미만으로의 토
　　지의 분할

다. 관계 법령에 의한 허가·인가 등을 받지 아니하고 행하는
　　너비 5m 이하로의 토지의 분할

－ 물건을 쌓아 놓는 행위 =〉 녹지지역, 관리지역 또는 자연환
　　경보전 지역 안에서 건축물의 울타리 안에^{적법한 절차에 의하여 조}
　　^{성된 대지에 한함} 위치하지 아니한 토지에 물건을 1개월 이상 쌓
　　아놓는 행위

　　실무에서는 농지나 산지를 전용하여 개발행위허가를 받을 때
농지 전용허가, 산지전용허가 등은 의제처리 된다.

개발행위허가 절차

개발행위허가는 다음과 같은 절차를 거친다.

－ 개발행위를 하려는 자는 그 개발행위에 따른 기반시설의 설
　　치나 그에 필요한 용지의 확보, 위해방지, 환경오염 방지, 경
　　관, 조경 등에 관한 계획서를 첨부한 신청서를 개발행위 허가
　　권자에게 제출한다.

－ 허가권자인 특별시장·광역시장·시장 또는 군수는 제1항에
　　따른 개발행위허가의 신청에 대하여 특별한 사유가 없으면
　　법령으로 정하는 기간인 15일 이내에 허가 또는 불허가의 처

분을 하여야 한다.

15일의 기간 계산 시 도시계획위원회의 심의를 거쳐야 하거나 관계 행정기관과 별도의 협의를 하여야 하는 경우에는 심의 또는 협의 기간은 15일에 포함되지 않는다.

- 특별시장, 광역시장, 시장 또는 군수는 제2항에 따라 허가 또는 불허가의 처분을 할 때에는 그 신청인에게 허가증을 발급하거나 불허가처분의 사유를 서면으로 통보한다.

- 특별시장, 광역시장, 시장 또는 군수는 개발행위허가를 하는 경우에는 기반시설의 설치 또는 그에 필요한 용지의 확보, 위해방지, 환경오염 방지, 경관, 조경 등에 관한 조치를 할 것을 조건으로 개발행위허가를 할 수 있다. 특히 공장부지 조성을 위한 개발행위허가는 '자연재해대책법'에 의한 사전재해 영향성 검토와 '환경정책기본법'에 의한 사전환경성 검토의 절차도 동시에 진행하여야 한다.

통상 별도의 전문용역기간에 용역을 주어 진행이 되며, 그에 따라 인·허가에 소요되는 기간도 협의기간만큼 길어지게 된다.

 땅 가진 거지 부자 만들기 II

국토계획법상 개발행위허가의 기준

토지 개발행위허가의 기준은?

'국토계획법'을 기준으로 하여 시·군의 '도시계획조례' 및 '산지관리법', '농지법' 등 여러 가지 법에서 다양한 기준을 제시하고 있으며 해당 기준을 모두 충족하여야 허가를 받을 수 있다. 따라서 개발행위 허가를 받으려면 '국토계획법' 및 해당 시·군의 '도시계획조례'에서 정하는 기준을 충족하여야 하고 또한 산지인 경우에는 '산지관리법', 농지인 경우에는 '농지법'의 기준도 동시에 충족해야 한다.

국토계획법상 개발행위허가의 기준

개발행위허가의 기준'국토의 계획 및 이용에 관한 법률' 제58조

개발행위허가의 신청 내용은 다음의 기준에 적합해야 한다.

- 용도지역별 특성을 고려하여 개발행위의 규모에 적합할 것
- 도시관리계획의 내용에 어긋나지 아니할 것

- 도시계획사업의 시행에 지장이 없을 것
- 주변지역의 토지이용 실태 또는 토지이용계획 건축물의 높이, 토지의 경사도, 수목의 상태, 물의 배수, 하천, 호소湖沼, 습지의 배수 등 주변 환경이나 경관과 조화를 이룰 것
- 해당 개발행위에 따른 기반시설의 설치나 그에 필요한 용지의 확보 계획이 적절할 것

용도지역별 개발행위허가의 규모 기준

앞의 개발행위허가 기준 1항에 의하여 개발행위의 규모는 다음의 용도지역별 허용 규모에 적합해야 한다.

- 도시지역 : 주거지역, 상업지역, 자연녹지지역. 생산녹지지역 => 1만 m^2 미만, 공업지역 => 3만 m^2 미만, 보전녹지지역 => 5천 m^2 미만
- 관리지역 => 3만 m^2 미만
- 농림지역 => 3만 m^2 미만
- 자연환경보전지역 => 5천 m^2 미만

세부적인 허가기준

개발행위허가를 담당하고 있는 행정청에서는 앞에서 언급한 기준 외에도 다음과 같은 6가지 사항에 대하여 세부적인 허가심사 기준을 고려하여 개발행위의 허가여부를 심사하고 있다.

1. 공동분야

     땅 가진 거지 부자 만들기 Ⅱ

- 조수류, 수목 등의 집단 서식지가 아니고 우량지 등에 해당하지 않아 보전의 필요가 없을 것
- 역사적, 문화적, 향토적 가치, 국방상 목적 등에 따른 원형보전의 필요가 없을 것
- 토지의 형질변경 또는 토석채취의 경우에는 표고, 경사도, 임상 및 인근 도로의 높이 배수 등을 참작하여 '도시계획조례'가 정하는 기준에 적합할 것

2. 도시관리계획
- 용도지역별 개발행위의 규모 및 건축제한 기준에 적합할 것
- 개발행위허가 제한지역에 해당하지 아니할 것

3. 도시관리계획사업
- 도시계획사업부지에 해당하지 아니할 것
- 개발시기와 가설시설의 설치 등이 도시계획사업에 지장을 초래하지 아니할 것

4. 주변 지역과의 관계
- 개발행위로 건축 또는 설치하는 건축물 또는 공작물이 주변의 자연경관 및 미관을 훼손하지 아니하고 그 높이·형태 및 색채가 주변 건축물과 조화를 이루어야 하며 도시계획으로 경관계획이 수립되어 있는 경우에는 그에 적합할 것
- 개발행위로 인하여 당해 지역 및 그 주변지역에 대기오염,

수질오염, 토질오염, 소음, 진동, 분진 등에 의한 환경오염, 생태계파괴, 위해 발생 등이 발생할 우려가 없을 것. 다만 환경오염, 생태계파괴, 위해발생 등의 방지가 가능하여 환경오염의 방지, 위해의 방지, 조경, 녹지의 조성, 완충지대의 설치 등을 허가의 조건으로 붙이는 경우에는 그러하지 아니하다.

- 개발행위로 인하여 녹지축이 절단되지 아니하고 개발행위로 배수가 변경되어 하전, 호소湖沼, 습지로의 유수를 막지 아니 할 것

5. 기반시설
- 주변의 교통소통에 지장을 초래하지 아니할 것
- 대지와 도로의 관계는 '건축법'에 적합할 것

6. 기타
- 공유수면매립의 경우 매립목적이 도시계획에 적합할 것
- 토지의 분할 및 물건을 쌓아놓는 행위에 임목의 벌채가 수반 되지 아니할 것

도시계획 조례에 의한 개발행위허가 기준

지방자치단체는 '국토계획법'에 의하여 '1. 경사도 2. 입목본수도입목축척 3. 표고' 등을 기준으로 개발행위허가 기준을 조금씩 다르게 규정하고 있으며 허가대상 부지는 해당 기준이 모두 충족되어야 개발행위허가를 받을 수 있다.

경사도(평균경사도)

산지의 평균경사도는 산지정보시스템www.forestland.go.kr에서 조회하여 확인할 수 있다. 서비스 시점 등의 차이로 절대적인 자료가 아닌 참조용 자료에 불과하다는 한계를 가지고 있지만 인·허가 전문가가 아닌 일반투자자들에게는 투자가치 판단의 매우 유용한 정보가 된다. 인·허가 실무에서는 토목설계사무소에 의뢰하여 해결한다.

표고

표고란 기준점에서 개발행위허가 대상 토지까지의 높낮이를 말하는 것으로 기준점 및 표고에 대한 개발행위허가 기준은 시·군마다 '도시계획조례'로 조금씩 다르게 규정하고 있다. 산지의 표고는 산지정보시스템에서 조회하여 확인할 수 있다. 표고와 관련된 사항 역시 인·허가 실무에서는 토목설계사무소에 의뢰하여 해결한다.

입목본수도 및 입목축적

입목본수도를 기준으로 하거나 입목축적을 기준으로 하거나 시·군마다 '도시계획조례'로 조금씩 다르게 규정하고 있다. 인·허가 실무에서는 토목설계사무소에 의뢰하면 산림조사 전문기관에 재의뢰하여 해결한다.

1. 입목본수도_{토지이용규제서비스 토지용어사전 인용}

입목본수도는 현재 자라고 있는 입목의 본수나 재적을 그 입지의 적절한 본수나 재적에 대한 비율_{백분율}로 나타낸 것을 말한다. 입목본수도의 조사방법은 해당 지방자치단체의 도시계획조례로 정하고 있으며 개발행위허가 기준으로 활용되고 있다.

일반적으로 입목본수도 조사구역의 입목을 전수 조사한다. 가슴높이 직경의 측정은 경사지에서는 위쪽에서, 평지에서는 임의의 방향에서 지상 1.2m_{가슴높이}의 높이를 측정한다.

입목본수도는 측정한 각 수종의 직경별 본수에 평균 직경을 곱하여 직경 소계를 구하고 직경 소계를 합산하여 직경 총계를 구하며 직경 총계를 대상지의 전체 본수로 나누어 평균 가슴 높이 직경을 구한 후 입목본수기준표에 의거 대상지 수목의 평균 가슴 높이 직경에 해당되는 ha$^{1헥타르=10,000㎡}$당 정상입목 본수를 당 입목본수로 환산하여 산출한다.

대상지 정상입목본수^{본} = 대상지면적$^{㎡}$ × 정상입목본수도 $^{본/㎡}$

입목본수도$^{\%}$ = 대상지 현재 생육본수 ÷ 대상지 정상 입목본수 ×100

2. 입목축적도

개발^{전용}하려는 산지의 ha당 입목축적이 산림기본 통계상의 관할 시·군·자치구의 ha당 입목축척의 150% 이하이어야 한다. 다만 산불발생, 솎아베기, 벌채를 실시한 후 5년이 지나지 아니한 때에는 그 산불발생, 솎아베기 또는 벌채 전의 입목축적을 환산하여 조사, 작성시점까지의 생장률을 반영한 입목축적을 적용한다.

개발부담금?

개발부담금 제도의 취지

'개발이익환수에 관한 법률'에 근거하여 토지로부터 발생되는 개발 이익을 환수하여 이를 적정하게 배분함으로써 토지에 대한 투기를 방지하고 토지의 효율적인 이용을 촉진하기 위한 제도이다. 징수된 개발 분담금의 50%는 국가에 귀속되고 나머지 50%는 개발이익이 발생한 토지가 속하는 지방자치단체에 귀속된다.

개발이익

개발이익이란 개발사업의 시행이나 토지이용계획의 변경, 그 밖에 사회·경제적 요인에 따라 정상지가 상승분을 초과하여 개발사업을 시행하는 자나 토지소유자에게 귀속되는 토지가액의 증가분을 말한다.

정상지가 변동률

정상지가 변동률은 '국토계획법'에 따라 국토해양부장관이 조사한 연도별 또는 월별 평균지가 변동률_{해당 개발사업 대상 토지가 속하는 시·군 또는 자치구의 평균지가 변동률}로 한다.

개발부담금 부과대상 사업

개발부담금의 부과대상이 되는 개발사업은 국가 또는 지방자치단체로부터 허가, 인가 등을 받아 시행하는 다음에 해당하는 사업 등으로 한다.

- 택지개발사업_{주택단지 조성사업 포함}
- 산업단지 개발사업
- 관광단지 조성사업
- 도시환경정비사업_{공장 건설의 경우 제외}
- 물류시설용지 조성사업
- 온천 개발사업
- 여객자동차터미널 사업
- 골프장 건설사업
- '건축법'에 의하여 지목변경이 수반되는 사업_{용도변경 포함}
- 개발행위·초지조성·산지전용·농지전용 허가에 의하여 지목변경이 수반되는 사업

개발부담금 부과대상 면적

관계법률 규정에 의하여 국가 또는 지방자치단체로부터 인·허가, 면허 등을 받은 사업대상 토지의 면적을 기준으로 한다.

- 특별시 또는 광역시의 도시지역에서 시행하는 사업의 경우 660㎡ 이상
- 특별시, 광역시 외의 시·군의 도시지역에서 시행하는 사업의 경우 990㎡ 이상
- 도시지역 중 개발제한구역에서 그 구역의 지정 당시부터 토지를 소유한 자가 그 토지에 대하여 시행하는 사업의 경우 1,650㎡ 이상
- 도시지역 외의 지역에서 시행하는 사업의 경우 1,650㎡ 이상

개발사업의 분할시행과 면적계산

- 동일인_{배우자 및 직계존비속 포함}이 연접한 토지를 5년의 기간 이내에 사실상 분할하여 개발사업을 시행한 경우에는 전체의 토지에 하나의 개발사업이 시행되는 것으로 본다. 연접 여부는 반드시 필지가 붙어 있는 경우가 아니고, 도로 등으로 구분된 토지라도 토지의 위치나 사업내용 등으로 보아 일단의 사업으로 판단되는 경우에는 연접한 토지로 본다.
- 동일인인 수인이 동일 필지를 각각 부과대상 규모 이하로 사실상 분할하여 개발사업을 시행한 후 소유권을 이전하는 경우에는 연접한 토지에 동일한 개발사업을 시행한 것으로 본다.

땅 가진 거지 부자 만들기 Ⅱ

- 동일인이 연접한 토지에 2개 이상의 개발사업을 각각 다른
  시기에 인가 등을 받아 사실상 분할하여 시행하는 경우에는
  그 사업지구의 면적을 합하여 모두 개발부담금 부과대상으로
  하며, 먼저 착수한 사업지구가 완료되었더라도 모두 합산하
  여 개발부담금을 부과한다.

- '중소기업진흥 및 제품구매촉진에 관한 법률'에 따라 시행하
  는 협동화사업단지 조성사업의 규모를 산정하는 경우에는 해
  당 협동화사업단지 조성사업에 참여한 중소기업자별 면적<sup>공동
  시설부지에 대하여 중소기업자별 지분에 따라 산정한 면적을 포함한다</sup>의 토지에
  각각의 개발사업이 시행되는 것으로 본다.

개발부담금의
부과 제외 및 감면

개발부담금의 부과 제외

국가가 시행하는 개발사업과 지방자치단체가 공공의 목적을 위하여 시행하는 사업으로서 대통령령으로 정하는 개발사업에는 개발부담금을 부과하지 아니한다.

개발부담금의 감면

다음에 해당하는 개발사업에 대하여 개발부담금의 50/100을 경감한다. 이 경우 다음의 규정을 중복하여 적용하지 아니한다.

1. 지방자치단체가 시행하는 개발사업으로서 제1항 개발부담금의 부과 제외 사업에 해당하지 아니하는 사업
2. '공공기간의 운영에 관한 법률'에 따른 공공기관, '지방공기업법'에 따른 지방공기업 및 특별법에 따른 공기업 등 대통령령으로 정하는 공공기관이 시행하는 사업으로서 대통령령으

로 정하는 사업

3. '중소기업기본법' 제2조 제1항에 따른 중소기업이 시행하는
   공장용지 조성사업, 대통령령으로 정하는 물류시설용지 조성
   사업 및 관광단지 조성사업. 다만, 수도권에서 시행하는 사업
   은 제외한다.
4. '주택법'에 따른 국민주택을 건설하기 위하여 시행하는 택지
   개발사업

개발부담금의 면제

다음에 해당하는 개발사업에 대하여는 개발부담금을 면제한다.

1. '산업입지 및 개발에 관한 법률'에 따른 산업단지 개발사업.
   다만, 수도권에 있는 산업단지인 경우를 제외한다.
2. '중소기업창업 지원법'에 따라 사업계획 승인을 받아 시행하
   는 공장용지조성사업
3. '관광진흥법'에 따른 관광단지 조성사업. 다만, 수도권에 있
   는 관광단지인 경우는 제외한다.
4. '물류시설의 개발 및 운영에 관한 법률'에 따른 물류단지 개
   발사업. 다만, 수도권에 있는 물류단지인 경우에는 제외한
   다.

개발부담금 산정방법: 종료시점지가 − (개시시점지가 + 개발
비용 + 정상지가상승분) = 개발이익 × 25%

종료시점지가

사업이 사실상 완료된 날, 준공^{사용} 검사일의 개별공시지가

1. 종료시점지가는 부과종료 시점 부과대상 토지와 이용 상황이 가장 유사한 표준지의 공시지가를 기준으로 '부동산가격 공시 및 감정평가에 관한 법률'에 의한 비교표에 의하여 산정한 가액에 당해년도 1월 1일부터 부과 종료시점까지의 정상지가 상승분을 합한 가액으로 한다.

2. 예외적으로 처분가격에 의하는 경우로 부과대상 토지를 분양 등 처분함에 있어 그 처분가격에 대하여 국가나 지방자치단체의 인가 등을 받은 경우에는 처분가격을 종료시점지가로 할 수 있다.

개시시점

– 사업의 허가 등을 받은 날의 개별공시지가

개시시점지가는 부과개시 시점이 속한 연도의 부과대상 토지의 개별 공시지가^{부과개시시점으로부터 가장 최근에 공시된 지가를 말한다}에 그 공시지가의 기준일로부터 부과개시시점까지의 정상지가 상승분을 합한 가액으로 한다.

– 종료시점지가 및 개시시점 지가의 표준이 없는 경우

부과대상 토지의 개별공시지가가 없는 경우와 종료시점지가를 산정함에 있어 매입가격으로 개시시점 지가를 산정한 경우에는 2개 이상의 감정평가 법인이 감정평가한 가액을 산술한 가액으로 당해 지가를 산정해야 한다.

개발비용

사업주가 사업에 투자^{지출}한 개발사업비용

정상지가 상승분

사업기간 중 정상지가 상승분

부담률

개발부담금은 산정된 개발이익의 25/100로 한다. 다만, 개발제한구역에서 개발사업을 시행하는 경우로서 납부의무자가 개발제한구역으로 지정될 당시부터 토지소유자인 경우에는 20/100으로 한다.

납부의무자

개발부담금 해당사업의 사업시행자가 개발부담금 납부의무를 진다. 다만, 다음의 어느 하나에 해당하면 그에 해당하는 자가 개발부담금을 납부해야 한다.

- 개발사업을 위탁하거나 도급한 경우에는 그 위탁이나 도급을 한 자
- 타인이 소유하는 토지를 임차하여 개발사업을 시행한 경우에는 그 토지의 소유자
- 개발사업을 완료하기 전에 사업시행자의 지위나 제1호 또는 제2호에 해당하는 자의 지위를 승계하는 경우에는 그 지위를 승계한 자 즉, 타인이 개발한 공장용지나 전원주택용지 등을 구입하여 건축물을 준공하는 경우 그 부지 개발자가 아닌 건축물을 준공한 자가 납부의무자가 된다는 점에 유의해야한다.

개발비용의 산출

개발비용은 개발사업의 시행과 관련하여 지출된 다음 금액을 합하여 산출한다.

순공사비

해당 개발사업을 위하여 지출한 재료비, 노무비, 경비, 제세공과금의 합계

* 제세공과금: 해당 토지의 지목이 변경됨으로써 납부한 취득세

조사비

직접 해당 개발사업의 시행을 위한 측량비, 기타 조사에 소요된 비용으로 순공사비에 해당하지 아니하는 비용의 합계

설계비

개발사업의 설계를 위하여 지출한 비용

일반관리비

개발사업과 관련하여 관리활동 부문에서 발생한 제비용의 합계액.

국가를 당사자로 하는 계약에 관한 법률 시행령에 의한 예정가격 결정을 위한 기준과 요율 적용으로 산정한다.

기타 경비

국가 지방자치단체에 납부한 부담금의 합계액

농지보전부담금, 대체산림자원^{대체초지} 조성비, 기반시설부담금, 상수도^{하수도} 원인자부담금 등이 있다.

개량비

개발사업의 착수 전에 부과대상 토지의 개량을 위하여 지출한 비용으로서 개시시점 지가에 반영되지 아니한 비용

양도소득세액 등의 개발비용 인정

부과개시시점 후 개발부담금을 부과하기 전에 토지나 사업의 양도 등으로 발생한 소득에 대하여 양도소득세가 부과된 경우에는 해당 세액 중 부과개시시점부터 양도 등의 시점까지에 상당하는 세액을 개발 비용에 계상할 수 있다.

개발비용 산출내역서 제출

제출의무자

사업시행자, 토지소유자 등 납부의무자

개발비용 산정기준

납부의무자 또는 개발비용 산정기관에 의뢰해서 산정한 개발비용

제출기간

개발사업 완료_{준공, 사용승인}된 후 40일 이내. 내역서를 제출하지 않거나 기간을 경과하여 제출하거나 허위로 제출하는 경우에는 200만 원 이하의 과태료가 부과된다.

개발부담금 부과, 징수 업무 절차

개발사업의 승인(개발부담금 부과개시시점)

부과개시시점은 사업시행자가 국가나 지방자치단체로부터 개발사업의 인가 등을 받은 날로 한다.

개발사업의 준공(개발부담금 부과 종료시점)

부과종료시점은 관계법령에 따라 국가나 지방자치단체로부터 개발사업의 준공인가를 받은 날로 한다.

개발비용내역서 제출

1. 개발비용: 개발사업의 시행과 관련하여 지출된 순공사비, 기부체납 비용 등. 건축물의 공사는 제외한다.
2. 제출기한: 사업종료 후 40일 내. 기한 내 비용내역서 미제출 시 200만 원 이하의 과태료 부과

   땅 가진 거지 부자 만들기 Ⅱ

개발비용 산정기관에 비용산정 용역 의뢰

1. 의료기관: 시장, 군수, 구청장사업주가 제출한 비용내역서의 사실 여부
2. 개발비용산정 전문기관: 개발비용 산정 전문기관의 자격여
  건을 갖춘 기관

부담금부과 예정통지

개발비용내역서 제출 후 부과권자는 25일 내에 부담금을 산정
하여 통지

고지 전 심사청구

사업시행자는 부담금 부과예정 통지에서 산출한 부담금에 이의
가 있는 경우에는 15일 내에 심사청구

심사청구에 대한 결과통지

부과권자는 심사청구에 대한 심사를 한 후 15일 내에 그 결과
를 사업시행자에게 통지

납부고지

부과권자는 사업종료시점부터 3개월 이내에 결정, 부과

물납, 연·분납 신청

1. 신청기간: 납부고지 후 120일 내
2. 물납신청: 현금 대신 토지로 물납물납토지가액이 부담금 부과액을 초

3. 연·분납신청: 재해 또는 부도 등 사유가 있는 경우. 3년의 범
위 내 납부 연기 또는 5년의 범위 내 분납 가능

물납 또는 연·분납신청 결과통지

부과권자는 신청 후 30일 이내에 물납허용 여부 및 연·분납 허용 여부에 대한 결과 통지

납부

사업시행자는 부과일부터 6개월 이내에 개발부담금을 납부

연·분납

납부연기 3년 범위 내, 분할납부 5년 범위 내, 연·분납의 경우에는 부담금에 연 6%의 가산금 징수

도로와 진입로
지목변경

지목변경 건축물의 용도지역 적합성과 연접개발제한^{도시계획위원}^{회 심의}에 대한 분석이 끝나면 다음 분석은 해당 부지로 드나들 수 있는 진출입로를 확보할 수 있는지 여부를 검토하는 것이다. 즉, 도로에 접한 토지에서는 해당 도로가 개발행위허가상 진출입로로 사용이 가능한 도로인지 여부를 판단해 주어야 하고, 도로에 접하지 않은 맹지에서는 사도의 개설 등 진출입로를 확보하는 전략을 검토해 봐야 한다.

개발행위허가와 도로

개발행위허가와 건축법

국토계획법상 개발행위허가 기준에 따라 개발행위허가를 받으려면 기반시설의 설치나 그에 필요한 용지의 확보계획이 적절해야 하며 대지와 도로의 관계는 '건축법'에 적합해야 한다. 개발행위허가의 기준은 일반적으로 '국토계획법'에 규정되어 있지만 대지와 도로와의 관계에 대하여는 '국토계획법'에서 직접 규정하지 않고 다음과 같이 건축법에 따르도록 규정하고 있다.

따라서 개발행위허가를 위한 대지와 도로와의 관계에 대한 허가 기준을 보려면 건축법을 참조해야 한다.

건축법상 대지와 도로와의 관계

'건축법'에서는 건축물의 대지가 접하는 도로의 너비, 대지가 도로에 접하는 부분의 길이, 그 밖에 대지와 도로의 관계에 관하여 다음과 같이 규정하고 있다.

– 건축물의 대지는 다음에 해당하는 경우를 제외하고는 2m 이상이 도로_{자동차만의 통행에 사용되는 도로는 제외한다}에 접해야 한다.

1. 해당 건축물의 출입에 지장이 없다고 인정되는 경우

2. 건축물의 주변에 대통령령으로 정하는 공지가 있는 경우 '대통령령으로 정하는 공지'란 광장, 공원, 유원지, 그 밖에 관계 법령에 따라 건축이 금지되는 공중의 통행에 지장이 없는 공지로서 허가권자가 인정한 것을 말한다.

– 연면적의 합계가 2천 m²_{공장인 경우에는 3천 m²} 이상인 건축물의 대지는 너비 6m 이상의 도로에 4m 이상이 접해야 한다. 일반건축물은 2천 m² 이상이면 6m 기준에 적용하지만, 공장인 경우 3천 m² 이상이 되어야 6m 기준을 적용하는 것은 2008년 말 세계 금융위기 이후 제조업 활성화 및 경제위기 탈출을 위하여 정부에서 '건축법'을 개정하면서 공장의 경우 면적을

상향했기 때문이다.

〈건축물의 연면적 및 대지와 도로와의 관계〉

연면적 2천 ㎡ 미만인 건축물	대지는 2m 이상이 도로에 접
연면적 2천 ㎡ 이상인 건축물 (공장은 연면적 3천 ㎡ 이상인 건축물)	대지는 6m 이상의 도로에 4m 이상이 접

건축법상 도로

건축법상 도로의 정의

'도로'란 보행과 자동차의 통행이 가능한 너비 4m 이상의 도로 지형적으로 자동차 통행이 불가능한 경우와 막다른 도로의 경우에는 대통령령으로 정하는 구조와 너비의 도로로서 다음의 어느 하나에 해당하는 도로나 그 예정도로를 말한다.

1. '국토의 계획 및 이용에 관한 법률', '도로법', '사도법', 그 밖의 관계 법령에 따라 신설 또는 변경에 관한 고시가 된 도로
2. 건축허가 또는 신고 시에 특별시장, 광역시장, 도지사, 특별자치도 지사 또는 시장, 군수, 구청장이 위치를 지정하여 공고한 도로

지형적 조건 등에 따른 도로의 구조와 너비

'지형적으로 자동차 통행이 불가능한 경우와 막다른 도로의 경

우에는 대통령령으로 정하는 구조와 너비의 도로'란 아래의 어느
하나에 해당하는 도로를 말한다.

1. 특별자치도지사 또는 시장, 군수, 구청장이 지형적 조건으로
   인하여 차량 통행을 위한 도로의 설치가 곤란하다고 인정하
   여 그 위치를 지정·공고하는 구간의 너비 3m 이상길이가 10m
   미만인 막다른 도로인 경우에는 너비 2m 이상인 도로

2. 1에 해당하지 아니하는 막다른 도로로서 그 도로의 너비가
   그 길이에 따라 각각 다음에 정하는 기준 이상인 도로

막다른 도로의 길이	도로의 너비
10m 미만	2m 이상
10m 이상 35m	3m 이상
35m 이상	6m 이상 (도시지역이 아닌 읍·면에서는 4m 이상)

도로법상 도로

도로의 종류 및 노선

도로법상 도로란 일반인의 교통을 위하여 제공되는 도로를 말
하며 그 종류는 다음과 같다.

1. 고속도로

고속도로란 자동차 교통망의 중추 부분을 이루는 중요한 도시

를 연락하는 자동차 전용의 고속교통에 제공되는 도로를 말한다.

2. 일반국도

일반국도는 일반적으로 '국도'라 부르며 중요도시, 지정항만, 중요비행장, 국가산업단지 또는 관광지 등을 연결하며 고속국도와 함께 국가 기간 도로망을 이루는 도로를 말한다.

3. 특별시도, 광역시도

특별시도, 광역시도는 특별시 또는 광역시 구역에 있는 다음의 어느 하나에 해당하는 도로로서 특별시장 또는 광역시장이 그 노선을 인정한 것을 말한다.

1) 자동차 전용도로
2) 간선 또는 보조간선 기능 등을 수행하는 도로
3) 도시의 주요지역 간이나 인근 도시와 주요지방 간을 연결하
   는 도로
4) 상기 1~3 항목 외에 도시의 기능 유지를 위하여 특히 중요
   한 도로

4. 지방도

지방도는 지방의 간선 도로망을 이루는 다음의 어느 하나에 해당하는 도로로서 관할 도지사 또는 특별자치도지사가 그 노선을 인정한 것을 말한다.

1) 도청 소재지에서 시청 또는 군청 소재지에 이르는 도로

2) 시청 또는 군청 소재지를 서로 연결하는 도로

3) 도 또는 특별자치도에 있는 비행장, 항만, 역 또는 이들과 밀
   접한 관계가 있는 비행장, 항만, 역을 서로 연결하는 도로

4) 도 또는 특별자치도에 있는 비행장·항만 또는 역에서 이들
   과 밀접한 관계가 있는 고속국도, 국도 또는 지방도를 연결하
   는 도로

5) 상기 1~4 항목 외에 지방의 개발을 위하여 특히 중요한 도로

5. 시도

시도는 시 또는 행정시에 있는 도로로서 관할시장_{행정시의 경우에는 특}_{별자치도지사를 말한다}이 그 노선을 인정한 것을 말한다.

6. 군도

  군도는 군에 있는 다음의 도로로서 관할 군수가 그 노선을 인
정한 것을 말한다.

1) 군청 소재지에서 읍사무소 또는 면사무소 소재지에 이르는
   도로

2) 읍사무소 또는 면사무소 소재지 상호 간을 연결하는 도로

3) 상기 외의 군의 개발을 위하여 특히 중요한 도로

7. 구도

구도는 특별시나 광역시 구역에 있는 도로 중 특별시도와 광역

시도를 제외한 구 안에서 동 사이를 연결하는 도로로서 관할 구
청장이 그 노선을 인정한 것을 말한다.

도로법상 권리·의무 승계

　도로의 점용허가 등 도로법상 허가로 인하여 발생한 권리나 의
무를 가진 자가 사망하거나 그 권리나 의무를 양도한 때 또는 그
권리나 의무를 가진 법인이 합병한 때에는 그 상속인, 권리나 의
무를 양수한 자 또는 합병 후 존속하는 법인이나 합병에 따라 설
립되는 법인이 그 지위를 승계한다.

　따라서 권리나 의무를 승계한 자는 상속일, 양수일 또는 합병일
로부터 30일 이내에 도로관리청에 신고하면 권리·의무를 승계할
수 있다.

도시계획시설의 설치기준에 의한 도로

도시계획시설의 설치 기준에서의 도로를 ① 도로의 사용 및 형태별 구분 ② 규모별 구분 ③ 기능별 구분. 3가지로 구분하고 있다.

도로의 사용 및 형태별 구분

도로 등 기반시설이 도시관리계획으로 결정이 되면 도시계획시설이 된다. 도시계획시설의 설치 기준에서는 도로를 사용 및 형태를 기준으로 다음과 같이 6가지로 구분하고 있다.

일반도로

폭 4m 이상의 도로로서 통상의 교통 소통을 위하여 설치되는 도로

자동차전용도로

특별시, 광역시, 시 또는 군 내 주요지역 간이나 시·군 상호 간

에 발생하는 대량 교통량을 처리하기 위한 도로로서 자동차만 통행할 수 있도록 하기 위하여 설치하는 도로

보행자전용도로

폭 1.5m 이상의 도로로서 보행자의 안전하고 편리한 통행을 위하여 설치하는 도로

자전거전용도로

폭 1.1m 이상의 도로로서 자전거의 통행을 위하여 설치하는 도로

고가도로

시·군내 주요지역을 연결하거나 시·군 상호 간을 연결하는 도로로서 지상 교통의 원활한 소통을 위하여 공중에 설치하는 도로

지하도로

시·군내 주요지역을 연결하거나 시·군 상호 간을 연결하는 도로로서 지상교통의 원활한 소통을 위하여 지하에 설치하는 도로. 다만, 입체 교차를 목적으로 지하에 도로를 설치하는 경우를 제외한다.

규모별 구분

도로의 규모별 구분은 투자가들이 토지이용계획확인서 및 지적

도를 볼 때 가장 빈번하게 접하는 도로의 기준이다. 예를 들면 토지이용계획 확인서에 '소로2류 접함' 이렇게 표시되어 있으면 해당 토지가 '폭 8m 이상~10m 미만'인 도로에 접해 있다는 의미이다. 도로의 규모별 구분은 다음과 같다.

광로

광로1류: 폭 70m 이상인 도로

광로2류: 폭 50m 이상 70m 미만인 도로

광로3류: 폭 40m 이상 50m 미만인 도로

대로

대로1류: 폭 35m 이상 40m 미만인 도로

대로2류: 폭 30m 이상 35m 미만인 도로

대로3류: 폭 25m 이상 30m 미만인 도로

중로

중로1류: 폭 20m 이상 25m 미만인 도로

중로2류: 폭 15m 이상 20m 미만인 도로

중로3류: 폭 12m 이상 15m 미만인 도로

소로

소로1류: 폭 10m 이상 12m 미만인 도로

소로2류: 폭 8m 이상 10m 미만인 도로

소로3류: 폭 8m 미만인 도로

기능별 구분

해당 도로가 수행하는 기능을 기준으로 다음과 같이 구분한다.

주간선도로

시·군내 주요지역을 연결하거나 시·군 상호 간을 연결하여 대량통과 교통을 처리하는 도로로서 시·군의 골격을 형성하는 도로

보조간선도로

주간선도로를 집산도로 또는 주요 교통발생원과 연결하여 시·군 교통의 집산기능을 하는 도로로서 근린주거구역의 외곽을 형성하는 도로

집산도로

근린주거지역의 교통을 보조간선도로에 연결하여 근린주거구역 내 교통의 집산기능을 하는 도로로서 근린주거지역의 내부를 구획하는 도로

국지도로

가구도로로 둘러싸인 일단의 지역 구획하는 도로

특수도로

　보행자전용도로, 자전거전용도로 등 자동차 외의 교통에 전용
되는 도로

농어촌 도로

농어촌 도로

농어촌 도로란 '도로법'에 규정되지 아니한 도로읍 또는 면 지역의 도
로만 해당한다로서 농어촌지역 주민의 교통 편익과 생산, 유통활동
등에 공동으로 사용되는 도로 중 시·군에 의하여 고시된 '농어촌
도로정비법'상의 도로를 말한다.

농어촌 도로의 종류

농어촌 도로는 면도面道, 이도里道 및 농도農道로 구분한다.

면도

'도로법'에 따른 군도郡道 및 군도 이상의 도로와 연결되는 읍·
면지역의 기간 도로

            땅 가진 거지 부자 만들기 Ⅱ

이도

군도 이상의 도로 및 면도와 갈라져 마을 간이나 주요 산업단지 등과 연결되는 도로

농도

경작지 등과 연결되어 농어민의 생산 활동에 직접 공용되는 도로

도로의 정비 및 관리

특별한 규정이 없으면 도로의 정비는 시장, 군수가 한다. 시장, 군수는 도로의 노선을 지정하였을 때에는 도로대장을 작성하고 보관한다.

농어촌도로를 이용한 개발행위허가

농어촌도로에 접한 토지에서는 해당 도로를 진출입로로 활용하여 개발행위허가를 받을 수 있다. 이 경우 도로법상 도로처럼 도로관리청의 별도의 도로점용허가는 필요하지 않다.

사도법상 사도의 개설

개발행위허가 대상 농지나 산지가 도로에 접하여 있지 않다면 즉, 맹지 상태라면 도로법상 도로나 '도로법'의 준용을 받는 도로까지에 연결되는 사도를 개설해야 허가를 받을 수 있다. 투자가들이 접하는 토지의 절반 이상은 맹지 상태의 토지이다. 따라서 이런 토지에 투자하거나 경매 등에 입찰할 때는 반드시 진출입로

문제를 얼마의 비용으로 어떻게 처리할 것인가를 사전에 검토한 후에 투자에 임해야 한다. 사도의 개설은 농업진흥지역이나 임업용 보전산지에서도 가능하다.

사도의 정의

사도란 도로법의 규정에 의한 도로나 도로법의 준용을 받는 도로가 아닌 것으로 그 도로에 연결되는 길을 말한다.

* 준용도로 =〉 준용도로란 도로법상의 도로 이외의 도로에 대하여 '도로법'을 준용하고자 할 때에 당해 도로의 소재지를 관할하는 지방 자치단체장이 '도로법 시행령'의 규정에 의하여 지정 고시한 도로를 말한다.

사도의 개설허가 및 관리

사도를 개설하려면 관할 시장, 군수의 허가를 받아야 한다. 사도의 개설에 관한 허가를 받기 위해서는 착공연월일, 준공연월일, 공사방법 및 공사예산 등의 내용이 포함된 허가신청서를 다음의 도면 및 서류와 함께 관할 시장, 군수에게 제출해야 한다. 사도는 설치한 자가 관리하며 법에서 정한 경우를 제외하고는 일반의 통행을 제한하거나 금지하지 못한다.

* 허가 신청할 때 그 권한을 증명하는 서류
1. 계획도면

2. 타인의 소유에 속하는 토지를 사용하고자 할 때에는 그 권한
을 증명하는 서류

도로의 점용허가

도로의 점용허가 신청

도로구역에서 공작물이나 물건, 그 밖의 시설을 신설, 개축, 변경 또는 제거하거나 그 밖의 목적으로 도로를 점용하려는 자는 '도로법' 제38조에 의하여 도로관리청의 허가를 받아야 한다. 점용물의 종류에 따른 점용기간은 10년 이내와 3년 이내의 2가지가 있다. 예를 들면 공장설립 목적의 개발행위허가를 받기 위한 진출입로의 확보는 10년을 적용 받는다. 점용기간을 연장하려는 경우에는 허가기간이 끝나기 1개월 전까지 연장허가를 받아야 한다.

〈도로관리청 및 담당부서〉

신청하는 곳	담당부서
고속도로: 한국도로공사지사	고속도로: 도로과
일반국도: 국도관리사무소	일반도로: 보수과
특별시도 · 지방도 · 시도 · 군도	특별시도 · 지방도 · 시도 · 군도
: 도 · 시 · 군 · 구 (읍 · 면 · 동)	: 건설과 · 건설관리과

점용료의 산정 기준

점용료는 개별공시지가를 기준으로 부과한다. 개별공시지가는 도로 점용 부분과 닿아 있는 토지도로부지는 제외한다의 '부동산 가격공시 및 감정평가에 관한 법률'에 의한 개별공시지가로 한다.

도로의 연결허가: 도로와 다른 도로 등과의 연결에 관한 규칙

도로 등의 연결 허가('도로법' 제64조 교차방법과 다른 시설의 연결)

- 자동차 전용도로나 대통령령으로 정하는 도로에 다른 도로, 통로, 그 밖의 시설을 연결시키려는 자는 도로관리청의 허가를 받아야 한다. 허가의 기준, 절차 등 허가에 관하여 필요한 사항은 국도제20조 제2항이 적용되는 국도는 제외한다인 경우에는 국토해양부령으로 정하고, 그 밖의 도로인 경우에는 그 도로의 관리청이 속하여 있는 지방자치단체의 조례로 정한다.

- 제1항에 따라 도로 등의 연결 허가를 받을 경우 제38조에 따른 도로점용허가를 받은 것으로 본다.

적용범위: 규칙 제3조(적용범위)

- 이 규칙은 '도로법' 제10조 제1항에 따른 일반국도'도로법' 제20조 제 2항이 적용되는 일반국도는 제외한다의 차량 진행 방향의 우측으로 진입하거나 진출할 수 있도록 다른 도로, 통로 또는 그 밖의 시설을 도로의 차량 진행 방향의 우측에 연결교차에 의한 연결은 제외한다하는 경우에 적용한다.

- 제1항에 따라 연결하는 경우 외에는 '도로의 구조·시설 기준

에 관한 규칙'에서 정하는 바에 따른다.

용어의 정의

이 규칙에서 사용하는 용어의 뜻은 다음 각 호와 같다.

─ '변속차로'란 자동차를 가속시키거나 감속시키기 위하여 설치하는 가속차로, 감속차로 및 테이퍼를 말한다.

─ '테이퍼'란 주행하는 자동차의 차로 변경을 원활하게 유도하기 위하여 차로가 분리되는 구간이나 차로가 접속되는 구간에 설치하는 삼각형 모양의 차도 부분을 말한다.

─ '교차로'란 정자로丁字路, 사지四枝교차로, 회전교차로, 입체교차로 등 둘 이상의 도로가 교차되거나 접속되는 공간을 말한다.

─ '교차로 영향권'이란 교차로 부근에서 교차로로 인하여 차량 운행이 영향을 받는 구간을 말한다.

개발행위허가와 접도구역

접도구역

접도구역이란 도로의 관리청이 도로의 구조에 대한 손궤 방지, 미관의 보존 또는 교통에 대한 위험을 방지하기 위하여 도로 경계선으로부터 양안으로 20m를 초과하지 아니하는 범위 안에서 대통령령이 정하는 바에 의하여 지정하는 구역을 말한다.

접도구역의 지정 기준

접도구역의 지정 기준은 2003년 1월 1부터 20m와 5m 기준으로 축소되었다. 도로경계선으로 양안으로 각각 다음 표의 구역을 접도구역으로 지정할 수 있다.

도로의 종류 구분 지정 폭(양측 각각)

고속도로 전 구간 20m

일반국도 전 구간 5m

지방도 및 군도 전 구간 또는 일부 5m

고속국도, 일반국도, 지방도, 군도 4개 도로만이 접도구역 지정 대상이 되기 때문에 시도市道와 구도區道에는 접도구역이 지정되지 않는다. 또한 도시계획구역 내의 도로도 '국토계획법'을 적용받기 때문에 접도구역에 해당되지 않는다.

개발행위허가와 접도구역
접도구역 안에서 금지되는 행위

접도구역 안에서는 다음의 행위가 금지된다. 즉, 접도구역으로 지정된 부분 위에서는 공장 등의 설립 목적으로 토지의 형질을 변경하는 행위나 건축물의 신축 허가를 받을 수 없다.

1. 토지의 형질을 변경하는 행위
2. 건축물 기타의 공작물을 신축, 개축 또는 증축하는 행위

접도구역 안에서 허용되는 행위

접도구역 안에서는 다음과 같은 제한적인 행위가 허용이 된다. 개발행위허가와 관련하여 접도구역 안에서 허용되는 행위 중 가장 의미 있는 행위는 개발이나 건축에 필요한 진입로로 사용될 수 있다는 데 있다.

– 연면적 10㎡ 이하의 화장실, 연면적 50㎡ 이하의 퇴비사 또

는 연면적 30㎡ 이하의 축사 또는 농·어업용 창고의 신축

- 증축되는 부분의 바닥면적의 합계가 30㎡ 이하인 건축물의
  증축

- 건축물의 재·개축, 이전^{접도구역 밖에서 접도구역 안으로 이전하는 경우}
  ^{를 제외} 또는 대수선

- 도로의 이용증진을 위하여 필요한 주차장의 설치

- 도로 또는 교통용 통로의 설치

- 도로에 면하지 아니하고 용배수로의 설치

- 산업단지조성사업, 제2종 지구단위계획구역^{주거형에 한함} 안에
  서의 개발사업, 농업생산기반정비사업

- 문화재보호법에 의한 문화재의 수리

- 건축물이 아닌 것으로서 국방상 필요한 시설의 설치

- 철도의 관리를 위하여 필요한 운전보안시설 또는 공작물의
  설치

- 초지의 형질변경으로서 경작지의 조성. 도로의 노면의 수평
  연장선으로부터 1.4m 미만의 성토 또는 접도구역 안의 지면
  으로부터 깊이 1m 미만의 굴착

- 울타리 철조망의 설치로서 운전자의 시계를 방해하지 아니하
  는 경미한 행위

- 담장^{출입문을 포함한다}의 설치

- 건물에 부속된 기존의 화장실, 퇴비사, 축사 등을 동일면적
  의 범위 안에서 동일대지 안으로 이전하는 행위

- 도로공사를 위하여 설치하는 가설건축물로서 2년 이내에 철

거될 건축물의 설치

- 국가 또는 지방자치단체가 행하는 아치와 각종 표지판의 설치

- 전기공급시설, 가스공급시설, 전기통신시설, 송유관, 열수송
  시설, 수도시설 및 하수도 시설의 설치

- 농산물의 저장을 위한 굴착행위

- 농업용 분뇨장 및 원두막의 설치

- 원예용 비닐하우스영구시설이 아닌 것에 한함의 설치

- 마을도로 및 농로의 보수행위

- 기존 건축물의 용도변경

- 건축물의 외벽과 담장 사이에 볕 가리개를 설치하는 행위

접도구역과 건폐율·용적률

개발행위허가를 받기 위한 대지에서 접도구역으로 지정된 부분
위에서는 건축행위는 금지되지만, 해당 부분이 건폐율 및 용적률
산정 대상 면적에서는 제외되지 않는다.

지목변경 배수로

지목변경의 분석에 의하여 건축할 수 있는 건축물과 진출입로 확보 등이 끝나면 마지막으로 검토해 주어야 할 사항이 배수로의 확보이다.

토지의 개발에서 해당 부지로 차량과 사람이 통행할 수 있는 진출입로의 확보 못지않게 중요한 것이 해당 부지 및 건축물에서 배출되는 오수나 우수, 하수 등을 처리할 수 있는 배수로를 확보하는 것이다.

'하수도법'에 의한 용어 정의

하수

사람의 생활이나 경제활동으로 인하여 액체 또는 고체의 물질이 섞여 오염된 물이하 '오수'라 한다과 건물, 도로 그 밖의 시설물의 부지로부터 하수도로 유입되는 빗물, 지하수를 말한다. 다만, 농작물의 경작으로 인한 것은 제외한다

분뇨

수거식 화장실에서 수거되는 액체 또는 고체의 오염물질^{개인 하} ^{수처리 시설의 청소 과정에서 발생하는 찌꺼기를 포함한다}을 말한다.

하수도

하수와 분뇨를 유출 또는 처리하기 위하여 설치되는 하수관거, 공공 하수처리시설, 분뇨처리시설, 배수설비, 개인하수처리시설, 그 밖의 공작물, 시설의 총체를 말한다.

공공하수도

지방자치단체가 설치 또는 관리하는 하수도를 말한다. 다만 개인 하수도를 제외한다.

하수관거

하수를 공공하수 처리시설로 이송하거나 하천, 바다, 그 밖의 공유수면으로 유출시키기 위해 지방자치단체가 설치 또는 관리하는 관로와 그 부속시설을 말한다.

합류식 하수관거

오수와 하수도로 유입되는 빗물, 지하수가 함께 흐르도록 하기 위한 하수관거를 말한다.

분류식 하수관거

오수와 하수도로 유입되는 빗물, 지하수가 각각 구분되어 흐르
도록 하기 위한 하수관거를 말한다.

공공하수처리시설

하수를 처리하여 하천, 바다 그 밖의 공유수면에 방류하기 위하
여 지방자치단체가 설치 또는 관리하는 처리시설과 이를 보완하
는 시설을 말한다.

분뇨처리시설

분뇨를 침전, 분해 등의 방법으로 처리하는 시설을 말한다.

배수시설

건물, 시설 등에서 발생하는 하수를 공공하수도에 유입시키기
위하여 설치하는 배수관과 그 밖의 배수시설을 말한다.

개인하수처리시설

건물, 시설 등에서 발생하는 오수를 침천, 분해 등의 방법으로
처리하는 시설을 말한다.

배수구역

공공하수도에 의하여 하수를 유출시킬 수 있는 지역으로서 제
15조의 규정에 따라 공고된 구역을 말한다.

하수처리구역

하수를 공공하수 처리시설에 유입하여 처리할 수 있는 지역으로 제 15조의 규정에 따라 공고된 구역을 말한다.

제4부 - 부록

앞으로의 부동산 동향

주택 가격 거품 빼려면
대기업 건설 수익 대폭 줄여라

– 〈모 일간지 인터뷰 기사 중에서〉 –

드디어 입소문의 주인공을 만나다

서민들의 입장에서 공감갈 수 있는 부동산 이야기를 들려주는 소문의 주인공 JNP 토지개발정책 연구소 대표 겸 칼럼니스트 전재천 대표를 만났다.

이야기 하는 내내 소탈하고 현실적인 이야기를 풀어놓는 그는 참 인간답고 털털하지만 부동산 분야에서만큼은 예리하고 전문적이며 어느 면에서는 철두철미한 사람이란 게 느껴졌다.

80년대 성공의 척도를 이미 걷고 있던 젊은 청년 시절의 전재천 대표

1980년대 초 피혁 공장을 운영하던 전재천 대표는 1984년 20대 중반의 나이에 서울 모처에 자신의 힘으로 대지 50평대 건평 30평대 단독주택을 처음으로 장만하였다. 처음 그가 자리 잡은 곳은 공기관이 밀집해 있고 교수들이 많이 산다 해서 교수촌 또는

검사들이 많이 산다 해서 영감촌이라 사람들이 부르던 곳이었다.

좋은 집보다 그를 더 행복하게 했던 기억은 시골에 계시는 아버지께서 친구분들을 모시고 오셔서 며칠씩 머물다가 내려가시면서 흐뭇해하실 때였다고 한다. 이렇게 젊은 시절부터 그는 부동산에 남다른 견해와 발 빠른 동향을 파악하는 눈을 가지고 있었다.

여러 사업의 실패 속에서도 단 한 번의 실패도 없었던 부동산 사업

전재천 대표님과의 대화 속에서 그가 얼마나 다양한 사업을 했었는지를 알 수 있었다.

그는 부동산 관련 사업뿐만 아니라, 영화제작, 호텔 관련사업, 게임 산업, 국제 항공 여행사 등 다양한 분야의 사업을 했었다. 그런데 번번이 사업은 적자로 끝났다. 그러면서도 그가 이렇게 다양한 분야의 사업을 할 수 있었던 것은 부동산 개발사업 분야에서의 흑자 자금을 다양한 타 사업에 투자했기 때문이다. 그렇게 부동산 사업 분야에서 생긴 수익으로 그는 공약의 삶을 살고 있다.

사회활동과 여러 단체의 기부를 통한 봉사활동을 지속적으로 해오고 있다.

건설 대기업 분양가의 문제점

우선 대기업에서 건설하고 있는 주택APT의 현재 분양가격에 대해 일반 소비자들은 어느 정도 알고 있을까? 아마도 거의 전무할 것이다.

산업체의 수익은 5~7%인 반면 유독 주택APT 건설 수익은 집 한 채 지어 집 한 채가 그대로 마진으로 남는다는 말로 어제 오늘의 얘기가 아니다.

주택시장이 정부 저금리낮은 정책으로 소비를 촉진시키자 경쟁적 과잉 수급 현상이 나타나고 있는 것은 분명한 사실이다. 여기에는 대형 건설사와 정치권의 뒷거래커넥션가 한몫을 하고 있을 것이다.

그리고 끝으로 유독 과잉 광고비 지출을 이유로 들지 않을 수 없다. 지난 정부들 공약에서약속을 지키지 못함 주택 토지 공사만이라도 주택 원가 공개가 되었다면 지금의 현실은 많이 달라졌을 것이다.

거품이 빠지고 지금처럼 과잉 공급이 아닌 진정 서민 위주의 내 집을 실효 있게 마련할 수 있는 정책으로 안착했을 것이라는 말씀이 실제로 실현되었을 것이다.

실현 가능한 반값 주택(산업체근로자 복지주택), 서민들이 진짜 자기 집을 갖게 되어야죠

지방자치, 시·군·구에서 관리하고 있는 국·공유지토지를 사용하여 서민주택을 공급한다면 기준시가 대비 1/2로 지을 수 있다. 그리고 시공사를 선택할 때도 대형 건설 업체를 제외시킨다.

이유는 건설 마진이 높기 때문이다. 지자체에 소속되어 운영 중인 중·소형 건설업체를 선정하여 시공사 조건부 건설 이익 마진을 최소화할 수 있다. 그리고서 시행사는 지방 자치 단체 시·군·

  땅 가진 거지 부자 만들기 Ⅱ

구청에서 자체 분양_{공무원 위주로} 분양 팀 운영, 그리고 시청 인터넷 게시판을 활용하여 광고비 제로 효과까지….

〈비용 절감 정리〉

1) 토지 비용 최소 1/2 감소 30~50% 절감

2) 시공사 건설비용 절감_{시공 능력은 전혀 차이가 없음} 10~15% 절감

3) 분양 마진 5~8% 절감

전체 절감효과 최소 40~50% 가능

결국 이렇게 하므로 허울뿐이던 현재까지의 서민형 주택에서 실질적으로 비용이 절감이 되어 이 모든 혜택이 서민들에게 돌아가게 될 것이라고 전 대표는 말했다.

이렇게 좋은 방법이 있는데도 실행할 수 없는 가장 큰 이유를 전 대표는 대기업의 횡포라 생각한다고 했다. 이윤을 생각하지 않을 수 없는 현실이기에 대기업이 건설 마진_{수익}을 대폭 낮추면 거품은 빠질 것이라는 것이 전 대표의 생각이다.

건설 사업의 악순환과 서민들의 자가 주택 마련, 젊은 신혼부부들의 내 집 마련의 꿈을 위해 대기업이 이제는 중대한 결심을 해 주었으면 하는 생각이 든다.

앞으로의 부동산 시장은

빠르면 차기정권_{2018년}까지 최소 20% 하향 조정이 있다. 과하게 가지고 있는 사람은 과감하게 팔아라!

현재 30평 미만이 80~90% 분양되는 반면 그 이상의 평수는 거의 거래되지 않고 있다. 그러니 30평 이상을 생각하고 있다면 지금이 기회라고 전재천 대표는 말했다.

아직도 꿈을 꾸고 있는 전재천 회장의 향후 활동 계획

전재천 대표는 현재 JNP 토지개발 정책 연구소를 운영하고 있으며 이곳에서 그가 하고 싶은 일은 서민들을 위한 주거공간에 관한 정책과 법을 국가에 제안하는 일이라고 한다.

주거공간은 시각적 효과보단 현실적인 게 중요하다는 것이 그의 생각이다. 또한 가족을 형성하고 그들을 사회에서 살아가게 하는 힘의 원동력도 여기에 있다고 그는 말하고 있다.

그런 면에서 그의 앞으로의 행보가 다시 한 번 기대된다.

〈사회단체활동〉 - 現 (사)평양민속예술단 이사 및 후원회장

〈시상내역〉

－대통령제민31675 민주화운동공로 감사장, 감사패

－경기도지사제4016호 노인복지증진 표창장

－육군 제7296부대장제13호 장병복지증진 감사장

－육군 제2506부대 3대대장제22호 장병복지증진 감사장

－여주교도소장제456호 교정교화 감사장

－서울 소년분류 심사위원장제804호 청소년선도교육 감사장

－ 인천구치소제46호 교정행정교화 감사장

내가 만나 본 전재천 대표는 실질적으로 도움이 되지 않는 부동산 정보는 필요치 않다는 생각이 확고한 사람이었다. 현실에서 서민들을 생각할 줄 아는 그의 마음이 너무 느껴지는 인터뷰였다.

정말 그의 말대로 서민들이 다들 자기 집을 한 채씩 가질 수 있는 그런 날이 오길 기대해 본다.

대도시와 수도권 인접지역을 주시하라!

새해에는 새로운 희망이 샘솟는 원년이 되길 바란다.

작금의 시대는 희망이란 단어를 상실한 시대라고 할 수 있다.

100세 시대를 맞이하여 기대와는 달리 노후 대책이 고령인구 기준 20%만 준비되었다고 한다.

미래가 불투명한 노년을 보내야 한다는 생각에 직장을 다니고 있는 젊은 청년들은 과연 우리나라에 미래가 있는지 의문이 들 것이다.

필자는 대한민국이 큰 틀에서 변화와 변혁이 나타나지 않을 경우 정치, 경제, 사회가 후퇴할 것이라는 사실에 안타까울 따름이다.

문화의 혁명이라는 뉴 미디어 시대에 세계가 열광하는 드라마, 영화, 음악에 한국 고유의 전통을 잘 살려서 문화 대국으로 발돋움하는 새 시대를 열어가야 할 것이다. 주택도 문화적인 변화가 필요하다는 생각이다.

1950년~2000년까지 반세기 동안 개발 주도 시대에 살면서 주

택이 많이 부족했고 서양식^{양옥} 주택에서 일반 주거형인 아파트
^{APT} 변화 바람을 타 주거가 아닌 재산 개념으로 부의 축적이 이루
어지는 시대였다. 하지만 작금의 현실은 어떠한가? 필자의 예견
으로는 2018년 다음 정권 초기 주택시장의 불황이 있을 것이라
예견해 본다.

여러 가지 이유가 있겠지만 금융사 금리 인상이 불가피할 것이
고 그에 따라 소비 시장이 냉각될 것이다.

또한 생산 가능 인구가 절벽에 부딪히는 시점이기도 하다.

주택시장은 결국 수요와 공급에 비례되는데 공급은 현재 110%
가 넘어 서고 있고 1인 가구만 늘어가는 추세이다. 결국 원룸~투
룸 정도에 소형주택만이 좀 더 수요가 있을 뿐이다. 독자들은 수
익 구도의 투자처를 주택^{APT} 아닌 일반주택 토지 소유가 기본이
되는 방향으로 수도권 및 대도시 인접 입지를 잘 고를 수만 있다
면 수익을 희망해도 될 것이다.

경기도 광주시에 주목하라!

아파트보다 소형 단독주택이 투자가치 전망 밝다

지금부터는 각 지역별로 미시적 관점에서 향후 부동산 시장의 주택, 토지가격 변동을 짚어 보겠다.

그 첫 번째로 경기도 광주시의 변화를 짚어 보겠다. 우선 인구가 증가하고 있는가에 초점을 두어야 한다. 또한 인구가 증가하면 연령층을 분석해야 한다. 청년층이 증가한다면 산업기반 시설과 교육환경이 좋아지고 있다는 증거이다.

만약 중·장년층이 증가한다면 기초 산업시설과 서비스 분야가 활성화되고 있는 것이다.

그리고 마지막으로 노년·고령층이 증가한다면 의료 환경과 노년대비 복지시설이 좋은 도시로 변해 가고 있다는 것이다.

두 번째는 그 지역의 역사, 문화, 환경, 도로 인프라와 향후 발전계획 등을 면밀히 살펴본다면 주택가격 또는 토지가격의 상승요인을 쉽게 판단해 볼 수 있다.

 땅 가진 거지 부자 만들기 Ⅱ

광주시는 역사적으로 매우 높이 평가받을 만한 지역이다. 광주
는 예로부터 경기도 중앙에 위치하며 땅이 넓은 고을이라 하여
넓은 광廣자를 써서 광주라 전해지고 있다.

한강은 우리나라의 중앙부를 흐르는 큰 강으로, 우리 민족이 삼
국시대부터 서로 패권을 다투던 곳이기도 하다. 한강 유역을 점
거한 나라는 번성하고 빼앗긴 나라는 쇠퇴하는 것을 우리는 역사
를 통해 알 수 있다.

또한 경관이 빼어난 광주 8경이 있어 1경은 남한산성, 2경은
조선시대 왕실 도자기의 요람인 분원 도요지가 있고, 3경은 천진
암과 앵자봉이 있다. 4경은 조선 500년의 역사를 품고 있는 경기
도자기박물관, 5경은 경안천 습지공원, 6경은 무갑산이며, 7경은
광주시의 중심부를 흐르는 경안천이며, 8경은 도척면 추곡리에
위치한 태화산 등을 가리킨다.

또한 광주는 한국 천주교의 발상지이기도 하다.

그 외에도 열거할 것이 많으나 필자는 부동산 시사칼럼니스트
이므로 향후 부동산 시장의 전망을 생각하는 관점에서 실제 시장
의 흐름을 살펴보는 데 중점을 두겠다.

우선 광주시의 지역·역사·문화 부분은 여기서 마무리하고 인
구 변화를 살펴보려 한다. 2004년 광주시 인구는 20만 명 선이었
으나 매년 증가하여, 2017년 지난해 연말 통계를 보면 35만 명에
이르는 증가 추이에 있다.

경기도의 31개 시·군 대부분 인구 증가가 타 시·도보다 높은

것은 사실이다. 그러나 어떤 지역은 인구가 거의 늘어나지 않는 곳도 많이 있다.

결국 인구가 증가한다는 것은 지역 발전이 되고 있다는 것이며, 특히 광주시는 청·장년층 인구가 많이 늘어나고 있어 매우 발전 가능성이 높은 지역이라 할 수 있다.

여주~판교 간 경강선 개통이 2016년 9월 개통으로 광주 역세권의 경우 아파트 분양이 과열 현상을 빚기도 했다. 그 외에도 국도를 비롯한 지역 간 연결 도로가 공사 중에 있어 향후 인구 유입은 계속될 것으로 판단된다.

필자는 독자들께 집합건물인 아파트보다는 전철 역세권 또는 경안천 주변 등의 소규모 단독주택 단지를 잘 살펴보라고 권하고 싶다.

향후 5년은 집합건물APT이 아닌 토지소유 위주의 단독주택을 선호할 것이다. 교통환경과 초·중·고 학교 문제만 어렵지 않다면 젊은 부부들도 소형주택이라도 개인 택지를 보유하는 것이 소유를 넘어 재산 가치를 높일 수 있다. 주거의 편리함도 좋지만 '좀 더 자연 친화적인 삶을 가져보는 것이 어떨까?' 생각한다.

사통팔달 교통요충지
이천시가 뜨고 있다

필자는 지난주 광주지역을 조망해 보았고 이번 주는 비약적으로 발전하고 있는 이천 지역을 살펴보겠다.

이천시는 현재 인구 22만 명을 넘고 있으며, 계속적으로 인구 유입이 높아지고 있다. 또한 도로망이 전보다 더 확충, 조성되는 등 지역 발전이 비약적으로 늘어 부동산 투자에 높은 평가를 받고 있다.

도로망을 살펴보면 중부고속도로와 제2 중부고속도로, 영동고속도로 나들목이 있어, 강원 내륙지역과 충북, 경북 지역을 연결하는 교통 요충지이기도 하다. 성남판교 여주 간 전철 개통으로 서울 출·퇴근 가능지역이 되어 여주 지역과 함께 실거주지역 투자로 급부상하고 있다.

이천 지역은 산업시설이 매우 활발한 지역이기도 하다. 정부의 각종 규제에 묶여 있는 곳이 아니기 때문에 물류시설을 비롯한 전자 부품 산업이 발달한 지역이다.

이천시는 역사, 지리, 문화면에서 자랑거리가 많은 곳이기도 하다.

우선 지리적으로 보면 삼국시대부터 고구려, 백제, 신라가 세력 확장을 위해 치열하게 싸웠던 각축장이었다. 고려, 조선시대 구한말을 지나면서 수많은 충신과 효자, 효부 그리고 애국지사를 배출한 고장이기도 하다.

단신으로 적진 깊숙이 들어가서 담판을 지은 서희 선생을 비롯해 신미양요 때 장렬하게 산화한 이재열 장군, 신출귀몰한 전략으로 일제를 놀라게 한 이수홍 의사 등 대의에 살다 간 분들의 고장이기도 하다.

또한 하늘이 낸 박효자, 류효자, 정열녀 등은 이천을 빛낸 역사 속의 인물들이다. 이천에는 또 한 분의 별이 있었다. 그분은 바로 어재연 장군이다. 1823년순조23년, 1871년고종 8년 조선에서 구미 열강에 의해 조국의 운명이 백척간두에 있을 때 서해안을 지키다 장렬히 전사한 이천의 큰 별이다.

어 장군은 조선 후기 고종 2년, 프랑스의 7척 군함이 강화도를 침략했던 병인양요1866년 당시 병사를 이끌고 광성진廣城鎭을 수비하였으며, 고종 8년 5척의 미 군함이 강화도를 공격한 신미양요1871년 때에는 광성보에서 미군과 치열한 전투를 벌이다 장렬하게 전사하였다.

이후 어 장군은 병조판서 지삼군 부사에 추증되었으며, 시호는 충장忠壯으로 후손들이 어재연 장군 넋을 기리기 위하여 1973년에 생가 위에 사당을 짓고 충장사라 이름을 지었다.

어재연 장군 생가는 이천시 율면 산성1리 깊숙이 아주 큰 소나

   땅 가진 거지 부자 만들기 Ⅱ

무 숲을 뒤로하고 넓게 지정되어 관리되고 있다.

이천지역은 역사, 지리, 문화적으로 높이 평가할 만한 지역이다. 청년층이 미래를 꿈꿀 수 있는 것은 사립전문대학인 청강문화산업대학, 한국관광대학, 성서침례대학 등의 대학, 대학원이 있기 때문이다. 그리고 고등학교 12개교와 중학교 15개교가 있어, 교육도시의 면모도 충분히 갖추고 있다.

이천시는 제2 외곽순환도로 개통 시점이 되면, 올해 전철 개통과 함께 지가 상승이 큰 폭으로 오를 것으로 필자는 판단하고 있다.

남양주, 부동산 투자의 기대주로 성장!

이번 주부터는 경기 북부지방 몇 개 도시를 살펴보겠다. 먼저 비약적으로 발전하고 있는 남양주시의 과거, 현재, 미래 발전상을 짚어 본다.

현재 도로 상황을 살펴보면 중앙선본선인 수도권전철 경의선과 중앙선이 구리시 도농역, 양정, 덕소, 도심, 팔당, 운길산역을 운행 중이고 경춘선수도권 전철 경춘선 구리시 별내, 퇴계원, 사릉, 금곡, 평내, 호평, 천마산, 마석가평군으로 연결되고 있다.

고속도로 현황은 서울외곽고속도로 남양주 나들목과 별내 나들목, 불암산 요금소, 그리고 서울양양고속도로, 덕소삼패 나들목을 비롯한 남양주 요금소, 화도 나들목 등이 있다. 국도는 제6호선, 제43, 제45, 제46, 제47호선, 그 외 지방도 등 최근 들어 교통망이 매우 확충됨을 알 수 있다.

이 밖에도 별내선 복선전철 서울 8호선 종점인 암사역에서 남양주 별내까지 6개 정거장을 연결하는 총연장 12.9km의 사업이 시작되어 2022년에 완공될 예정이다. 이에 따라 남양주 별내에서 환승 없이 잠실까지 27분이 소요될 예정이다.

복선전철은 1일 11만 명 이상의 시민이 이용할 것으로 예측되고 있다. 남양주시는 경기북부지방에서 가장 많은 인구증가를 나타내는 도시이기도 하다.

2008년 인구 50만 명을 넘긴 이래 2018년 현재 67만 명이 넘어서면서 매우 높은 증가 추세를 보이고 있는 지속 발전 가능한 도시이다.

역사적 인물로는 다산 정약용 선생을 들 수 있다.

다산 선생은 남양주시 조안면 능내리에서 1782년 6월 16일 부친 정재원과 모친 해남 윤씨 사이에 막내인 셋째아들로 태어났다.

다산 선생은 22세 때 초시·회시에 합격 후 생원으로 성균관 유생이 되어 학문의 깊이와 폭을 넓히다가, 28세 때 과거에 급제하는 천재성을 나타냈다.

다산 선생은 훗날 유배지에서 '목민심서'란 역저를 탄생시켰으며 율기律己, 봉공奉公, 애민愛民의 세 가지를 기紀로 삼아 백성을 다스리라는 작금에 와서도 교육서로 그 가치를 인정받는 책을 저술했다.

유적지 가운데는 왕릉이 유난히 많은 곳이기도 하다. 조선말기 제26대 왕이자 대한제국 초대황제인 고종 황제와 그의 비 명성황후의 능인 홍릉과 대한제국 2대 황제인 순종과 그의 비 순정효황후의 능인 유릉을 합쳐 홍유릉이 금곡동에 있다.

그 외에도 광릉 조선 제7대 왕인 세조와 그의 비 정희왕후 윤

씨의 왕릉이 진접읍에 위치하고 있기도 하다. 광해군 묘가 진건 읍에 위치하고 있으며, 사릉은 조선 6대 왕인 단종의 비 정순왕후 의 무덤으로 진건읍에 위치하고 있다.

관광지로는 남양주 영화종합촬영소가 있어 많은 관광객이 찾는 곳이기도 하다. 약 40만 평 부지에 있는 아시아 최대 규모의 영화 제작 시설로서 그동안 대작이라 할 수 있는 "서편제", "쉬리", "공 동경비구역 JSA", "실미도", "태극기 휘날리며" 등 수많은 대작 이 만들어진 곳이며, 지금도 많은 영화들이 여기서 계속 제작되 고 있다.

그 외 몽골문화촌이 1998년 10월 몽골 울란바토르시와 우호 협력 차원에서 건립된 후, 다양한 문화행사를 실시하고 있으며, 2002년부터는 몽골 민속예술공연단이 공연을 하고 2010년부터 는 몽골마상공연단이 운영되고 있기도 하다. 독자분들께서 주말 을 활용하여 가족들과 나들이를 가볼 만한 곳이기도 하다.

교육시설로는 초, 중, 고 교육기관이 충분하여 지속 가능한 경 기북부지역 발전에 견인차가 되리라 판단한다.

땅 가진 거지 부자 만들기 Ⅱ

파주시를 주목하라!

이번 주는 경기도 북서쪽 도시인 파주시를 전망해 본다. 파주시는 북한 개성시와 인접한 지역으로 남북관계에 특히 민감한 지역이다. 경제협력 무드mood가 있거나 정치적으로 협력관계가 있을 때 남북 통일시市로 자주 거론되었던 곳이다.

작금의 현실은 개성공단 폐쇄로 인한 지역 불안이 야기되기도 한다. 하지만 5년~10년 앞을 판단한다면 매우 기대되는 지역 특성을 알 수 있다.

2018년 현재 인구 44만 명에 육박하고 있으며 인구증가 또한 매우 높은 지역이기도 하다. 교통 현황을 살펴보면 경의본선 일부는 수도권 전철과 경의본선의 중앙선이 운행되고 있다.

중앙선은고양시 일산서구 야당, 운정, 금릉, 금촌, 월롱, 파주, 문산, 운천, 임진강, 도라산역까지 연결되어 있기도 하다.

그 외 서울~문산 고속도로, 수도권 제2 외곽순환고속도로, 제2 통일로 등이 2020년까지 완공을 목표로 공사가 확정되어 있으며, 서울

강서구 가양동에서 파주시 문산읍 내포리까지 총연장 36.5km이다.

도로 완공 후엔 서울~문산까지 20분이면 이동 가능하며 임진각에서 상암 DMC까지 통일로 대비 35분, 자유로 대비 10분이면 이동 가능하다.

또한 수도권 제2외곽순환고속도로는 파주시를 관통하는 김포－포천 구간으로 파주－김포 구간은 2016년 올해 착공하여 2024년 개통을 목표로 하고 있다.

역사적 인물 가운데는 율곡 이이 선생의 자운서원과 파령의 윤관 허준 선생의 묘가 민통선지대 안에 있기도 하다. 또한 황희 선생 일가의 거주지가 남아 있는 곳이기도 하다. 황희 정승과 반구정에 대한 이야기를 소개하면 반구정은 '기러기와 동반하여 즐기는 정자'란 뜻으로 반구정은 임진강 철책 변에 있는 정자로, 황희 정승께서 이곳으로 내려와 여생을 즐기기도 했다. 이곳에 황희 선생의 사당과 기념관이 있다.

또한, 파주와 고양지역의 중국전담여행사 신규 지정으로 파주를 찾는 중국인 단체 관광뿐만 아니라 FIT개발자유여행 관광객 등이 비약적으로 증가할 것으로 전망된다. 기존 외국인 관광객이 많이 찾는 임진각, 제3 땅굴, 프리미엄아울렛 등이 있으며, 그리고 한류드라마 등의 촬영 장소로 사용되어 한국문화 체험이 가능한 새로운 관광자원으로 부각되기도 한다. 허준 선생 묘역이 있으며, 신사임당 묘역 등 역사적 큰 인물들을 찾아볼 수 있는 곳이기도 하다.

교통이 편리해지고 있지만 상대적으로 분단남·북 접경지란 특

성으로 발전이 늦은 지역이었다가 LG디스플레이단지 및 대형 산
업체 구역이 형성되었다.

　뿐만 아니라 국내 출판 산업 집약지역으로 부상하는 등 젊은 세
대가 호흡하는 지역으로 발전되고 있음을 알 수 있다.
　초·중·고 교육시설 또한 잘 갖추어져 파주시 발전에 크게 기
여하고 있다.
　향후 10년을 내다본다면 경기지역 가운데 가장 높은 발전을 기
대할 수 있다 할 것이다.

가평군 그 숨은 가치에 투자하라!

도시인들의 천연 쉼터

이번 주는 경기 동북부 가평군을 살펴보겠다.

먼저 교통망을 살펴보면, 경춘선 전철이 개통되면서 서울, 용산, 청량리역을 시발점으로 남양주 대성리역, 청평역, 상천역, 가평역, 강원도 춘천시까지 연결되었다.

여름 바캉스 시즌이면 필자의 젊은 시절 기억 속에는 청량리역에서 열차를 타고 대성리, 청평, 안전 유원지까지 가는 동안 여름 내내 축제의 장이 되기도 했었던 낭만과 추억이 서려 있는 곳이기도 하다.

가평역을 통하여 남이섬으로 바로 연결되어 매우 편리한 교통 환경이 조성되었다고 할 수 있겠다.

도로 편을 살펴보면 고속도로는 서울–양양설악나들목까지 45km 대로 빨라지고, 국도 제37호선, 제46호선, 제75호선, 국가지원지

땅 가진 거지 부자 만들기 Ⅱ

방도 제86호선, 제98호선, 그 외 지방도 등이 있어 매우 편리하게 발달되었다.

그 외 가평 지역이 선두가 된 일명 '따복버스'란 별칭따뜻한 교통복지란 뜻으로 가평군 내에 통학형과 생활형, 관광형의 따복버스가 운행되고 있다. 이 따복버스는 5개 노선에 두 대로 크게 가평읍 시내권을 운행하는 생활형 순환노선과 농·산촌지역인 북면 목동리를 중심으로 운행되는 관광형으로 구분되고 있다.

가평읍 시내권을 운행하는 생활형 따복버스는 오전 7시에 가평 버스터미널을 출발하여 가평5거리, 느티나무마을, 가평역, 가평고, 가평중, 가평군청을 30분 간격으로 1일 25회 운행되고 있다. 위 노선은 가평 중·고등학생들의 등하교와 직장인들의 출퇴근 편의는 물론 교통비용 절감에 도움을 주고 있다. 또한 대중교통을 이용하여 가평을 찾는 외부인들에게는 시내 진입에 편리함을 제공하고 있다.

청정지역의 한가운데에서 가장자리인 자연부락까지 운행되는 관광형 따복버스는 4개 노선으로 6시 40분에 가평역을 출발하여 북면 적목리까지 운행하고 있다.

위 노선을 운행하는 관광형 따복버스 중 50-1번 버스는 가평에서 가장 아름답다고 하여 관광객이 많이 찾는 북면 자연마을까지 운행하고 있어 봄에 꼭 타 봐야 하는 관광형 노선이기도 하다.

가평군은 타 지역에 비하여 유난히 축제가 많은 지역이기도 하다.

　1월에는 자라섬 씽씽겨울축제, 매년 4월경 열리는 북한강로 벚꽃 봄나들이 축제, 삼회리 참나무 표고버섯 축제, 5월에는 연인산 축제, 6월 가평군과(사) 어설픈 연극마을, 이태리식 일품축제, 자라섬에서 10월 국제 재즈페스티벌, 경기캠핑페스티벌 북한강 축제 등이 있다.

　산소탱크 관광지로는 강촌, 남이섬, 한국정원의 아름다운 선과 나무 화단이 화려한 별빛으로 피어난 아침고요수목원, 자라섬에 위치한 우리 국민과 세계인이 꼭 한 번 가볼 만한 화합의 상징적인 뜻으로 500살이 넘은 올리브^{감람} 나무 등 희귀 수목의 이화원과 캠핑장, 아이들의 꿈을 키우고 어른들에겐 동심의 동화 같은 공간 쁘띠프랑스, 천체망원경으로 토성이나 목성을 찾아 볼 수 있는 가평천문대가 있다.

　명지산자락에 위치한 생태탐방학습원, 청평호반, 용추계곡, 유명산과 연인산, 북한강, 조선 중기 4대 문장가 월사 이정구 선생의 문집인 월사 집목판, 1500년 된 고찰 현등사, 1398년^{조선태조 7년} 건립한 가평군 최초 교육기관인 가평향교 등 많은 관광지를 보유한 가평은 서울, 경기 수도권에서 가족, 연인 간 추억 만들기 나들이에 적합하다.

　그 이유는 봄부터 가을까지 심지어 겨울에도 가족과 연인, 친목 모임 등 수도권 가까운 곳을 선택할 땐 기존 관광 인프라가 갖추어진 곳을 찾기 때문이다.

정부의 규제프리존 특별법에 따라 부산, 강원, 제주 등 지역에 우선적으로 도입되는 공유민박업이 올 6월부터 전국에 확대되면 레저 및 휴양관광객이 많은 가평 지역은 가치가 상승될 것이다.

따라서 펜션단지 개발에 주목할 필요가 있는 지역이다.

강원도 시대가 열리다!
2020~2039

앞으로 약 20년 동안은 강원도 발전이 가장 높을 것으로 필자는 판단한다. 먼저 한국 발전상과 지역발전 과정을 살펴보면 왜? 강원도 시대인지 독자 여러분도 판단이 될 것이다.

1960년대 초 서울, 인천, 경기도 수도권 중심으로 수공업이 산업 사회의 시발점이었다. 1945년 해방 이후 50년대까지 한국은 전형적인 농업국가였다.

60년대 초 베트남전쟁 참가, 독일에 광부·간호사 파견 등을 통한 수입으로 당시 국회, 언론, 학계의 엄청난 저항 반대에도 불구하고 경부고속도로 공사착공1968.2.1, 개통1970.7.7, 완공을 계기로 서울-부산 간 약 415km를 1일 생활권역으로 연결해 역사의 한 획을 그었다고 할 수 있다.

　　　　　　　　　　　　땅 가진 거지 부자 만들기 Ⅱ

대구의 섬유산업이 활발하게 전개되면서 경남과 울산 일대에 중공업, 조선 등 현대산업의 발판이 마련되면서 부산이 항만도시로 부각되고 서울, 대구, 부산축이 형성되었다.

1980년대 들어오면서 서해안 시대로 대전 엑스포 기점으로 서해안고속도로 개통이 이어지면서 경기도 서부, 남부, 인천, 충남, 전남, 전북으로 급속한 발전을 하였다.

서울, 경기, 인천, 대구, 경북, 부산, 경남에 이어 충·남북, 전·남북, 광주광역시가 최대 수혜지역으로 급진적인 발전을 한 것에 비하여 강원도는 원주 지역만이 기업도시가 일부 유치되었을 뿐 소외 지역이었다.

2018년 평창 동계올림픽을 계기로 접근성 도로확충이 일어나 제2영동고속도로 서울-양양 간 고속도로 개통과 인천공항, 용산, 청량리, 원주, 강릉까지 고속철도 개통으로 서울 용산역-원주역 사이가 47분, 강릉역까지 75분 단축되었다.

현재 전철 경강선 성남-판교-여주-원주까지 연결 중이다. 전철 50분 거리인 출·퇴근 거리로 접근성이 좋아졌고 2018년 착공 예정된 용산, 청량리발 고속철도가 속초까지 연결된다.
서울, 용산, 청량리에서 춘천 45분, 속초까지 72분이 소요된다. 춘천시는 호반의 도시이며 도청 소재지로서 인구 2/3는 공무원,

군무원으로 직업 안정이 보장된 도시이다.

  인구수에 비교하여 소비성이 매우 높은 도시로서 IT산업 육성
책으로 인구가 급속하게 증가할 것으로 예측되며 춘천역을 연
결, 소양호를 가로질러 60만 평에 이르는 중도섬과 1,056m 4차
선 교량이 완공되어 레저 관광단지 개발 계획을 진행하고 있다.
18만 평에 이르는 미군기지가 떠난 황금같은 자리인 춘천역 바로
앞쪽은 춘천시민의 광장으로 개발 확정을 세워놓고 있다.

  또한 춘천시 동면 일원에 9억 9천㎡ 약30만 평에 소양강 댐의 차
가운 냉수를 수열에너지 냉·난방에 활용하는 융복합 클러스터 조성
사업을 2018년부터 2022년까지 할 예정이며 총 3,651억 원을
투자하여 친환경 데이터 집적단지, 스마트팜 첨단 농업단지와 물
기업 특화 산업단지 등으로 조성한다.

  관광으로는 설악산과 속초항, 양양 국제공항, 강릉 올림픽 스타
디움 활용이 있고 삼척, 동해 등은 한국 최고의 해안과 명산을 가
진 지형으로 관광의 메카라 불릴 만하다. 최고의 환경에 접근성
으로는 고속철, 전철, 고속국도가 있어 대단히 발전 가능성이 높
다고 판단한다.

  상대적으로 강원도지역 토지가격은 2017년까지 전국 평균
60% 선인 점을 감안한다면 투자가치는 매우 높다 하겠다.

집필을 마치면서

독자 여러분, 필자는 이제 집필을 마무리하면서 감회가 새롭습니다.

토지개발에 있어 인·허가 및 정부의 부동산정책 제안 등 30년 넘게 현장에서 경험한 것을 2009년부터 부동산 관련 전문 칼럼니스트로서 집필하였고 마침내 2016년 11월 책으로 1차 완성본을 출판하였습니다. 그리고 2018년 3월 개정판을 보완하여 출간하게 되었습니다.

독자분들께서 JNP 토지개발 정책 연구소를 직접 방문해 주시면 면담을 통해 토지의 인·허가 및 개발 방향에 대한 자문을 해 드리겠습니다.

JNP 토지개발정책 연구소 대표, 칼럼니스트

저자 전재천, 박현선

쉬는 땅, 허가가 나지 않는 땅, 과소평가된 땅 모두
황금토지 만들어 올 한 해 행복과 긍정 에너지가
팡팡팡 샘솟으시기를 기원드립니다!

| 권선복

도서출판 행복에너지 대표이사,
한국정책학회 운영이사

사람들에게는 두 종류의 땅이 있다고 합니다. 돈이 되는 금 땅, 아무 돈도 안 되는 버려진 땅. 그리고 자기 자신을 '땅 가진 거지'라고 생각하기도 합니다. 그렇게 생각하는 것도 물론 무리는 아닙니다. 그 땅을 쓸모 있는 '황금토지'로 만드는 비법을 알기 전에는 말입니다.

　JNP 토지개발연구소 대표 전재천·박현선 부동산 칼럼니스트는『땅 가진 거지 부자 만들기 II』를 통해서 버려진 땅도 황금토지로 만들 수 있다고 얘기합니다.

투자인가 투기인가? 버려진 땅도 살리는 비법!

　전재천, 박현선 저자는 '토지개발 시 사전에 확인할 비용', '초보 부동산 투자자가 기본적으로 알아야 할 것', '토지개발 시 주의사항' 등 초보자들도 부동산 투자를 시작할 수 있게 길잡이 역할을 합니다. 또 '자연과 국악과 함께하는 실버타운 체험기', '관광산업 1위 국가 프랑스처럼 전통 문화로 새로운 활로 개척해야' '부동산 스토리텔링 접근법의 예' 등 부동산 투자를 이제 어느 정도 하고 있다고 생각하는 독자들을 위한 고급 심화과정도 마련하고 있습니다. 또 오랜 부동산 투자의 경험으로 30년 전 주택시장의 예를 가져와 오늘날 주택시장을 파악하고 미래를 예견하고 있기도 합니다.

　『땅 가진 거지 부자 만들기 II』의 저자는 실제로 다년간 부동산 칼럼니스트로 활동하며 집필활동을 해왔습니다. 투자는 아무나 하는 것이 아니라고 생각하는 분들, 노는 땅이 있는데 아쉬웠던 분들 모두 처방받고 황금토지를 만듭시다. 땅 투자에 새로운 눈이 뜨이길 바라오며 이 책을 읽는 모든 분들의 삶에 행복과 긍정의 에너지가 팡팡팡 샘솟으시기를 기원드리겠습니다.

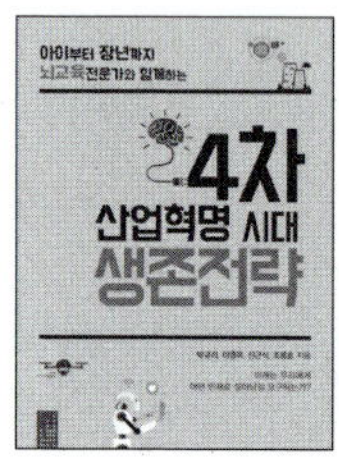

4차 산업혁명 시대 생존전략

박규리, 이영옥, 신근식, 조용호 지음 | 값 15,000원

책 『4차 산업혁명 시대의 생존전략』은 이미 도래하였음에도 우리에게 낯설게 다가오는 '4차 산업혁명 시대'에서 어떻게 살아남을 것인지를 알려준다. 4명의 '뇌교육 전문가'가 한 연령대, 특정 계층에만 국한시켜 알려주는 생존 전략이 아닌, 아이부터 장년까지 모든 세대를 아우르며 '어떻게 살아야 하는가'를 설명해 주고 있다

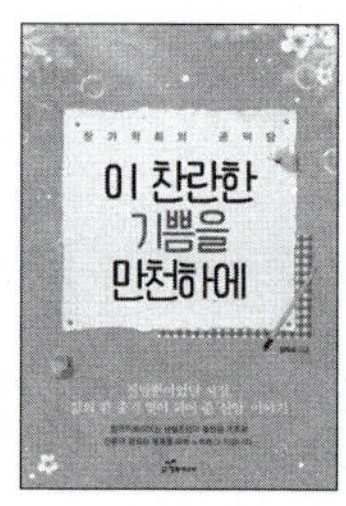

이 찬란한 기쁨을 만천하에

정해숙 지음 | 값 20,000원

책 『이 찬란한 기쁨을 만천하에』는 가난했던 어린 시절의 힘겨웠던 나날, 인생을 살아오며 무수하게 겪은 좌절과 시련 속에서도 종교를 통해 한 줄기 희망을 찾은 저자의 삶이 고스란히 녹아 있다. 특히 힘겨운 시절에 희망이 되어 준 종교 '창가학회'에 대한 믿음은 저자의 삶에 대한 행복한 갈망이 얼마나 절실했는지 알 수 있게 해 준다.

시가 있는 아침 3집

정기용, 이미자 외 34인 지음 | 값 15,000원

책 『시가 있는 아침』은 지난 2016년 11월 1집, 2017년 4월 2집을 거쳐 탄생한 3집으로, 새로운 사람들과 새로운 시편으로 꾸려진 시집이다. 시를 쓸 때는 '나'를 위로하고, 시를 읽으면서는 또 '남'을 위로하면서 따뜻함으로 서로를 보듬어 간다. 1집부터 꾸준히 참여하고 있는 이들이 구축해 온, 각자만의 개성 있는 시 세계를 엿보는 것 또한 이번 3집에서 중점적으로 감상해 봐도 좋을 만한 포인트다.

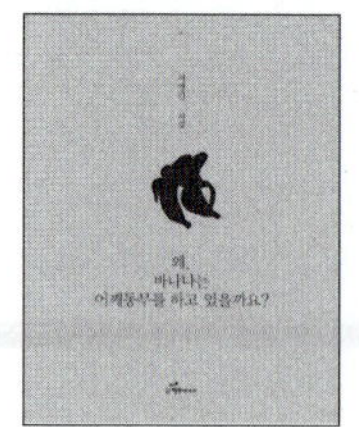

왜, 바나나는 어깨동무를 하고 있을까요?

서명진 지음 | 값 15,000원

책 『왜, 바나나는 어깨동무를 하고 있을까요?』는 때로는 동시와 같은 순수함으로, 때로는 성숙하고 아련한 어른의 언어로 시를 그려낸다. 함께 실린 삽화는 자연스럽게 시와 어우러져 독자를 빠져들게 한다. 시인 서명진의 기억으로 초대받아 시를 읽음으로써 기억의 퍼즐 조각을 하나하나 맞추다 보면 시인의 바람대로 시 한 줄, 시 한 편이 마음의 서재에 꽂혀있게 될 것이다.

행복한 삶을 만드는 사랑과 긍정에너지

허남국 · 함성숙지음 | 값 15,000원

이 책은 거대한 고통과 역경 속에서도 삶의 의미와 행복을 찾아낸 한 사람의 아내에 대한 사랑과 그리움이 담긴 이야기임과 동시에 한 가족이 어려움을 극복하고 슬픔을 이겨내며 새로운 미래를 꿈꾸게 되는 이야기이기도 하다. 13여 년 동안 중병의 아내를 간병인 한 명 없이 돌보며 희생과 봉사의 삶을 사는 저자의 모습은 작은 역경에도 쉽게 많은 것을 포기하려고 하는 사람들에게 여러 가지를 생각할 수 있게 하는 기회를 제공할 것이다.

아파트, 신뢰를 담다

유나연지음 | 값 15,000원

이 책은 '신뢰 경영'을 통해 한 아파트를 17년째 책임지고 있는 아파트관리사무소장의 가슴 따뜻한 이야기를 진솔하게 풀어내고 있다. 저자는 '진정성', '역량', '공감', '존중', '원칙'이라는 여섯 개의 키워드를 바탕으로 500세대 아파트를 믿음과 신뢰로 이끌어온 과정을 생생하게 그려낸다. 이 과정에서 '아파트'라는 하나의 공동체 문화를 만드는 데 있어 '신뢰'라는 키워드가 가장 중요하게 작용하였다고 말한다. 또한 저자는 "사람이 답이다"라는 진리를 새기고 모두가 함께 노력해야 함을 강조한다.

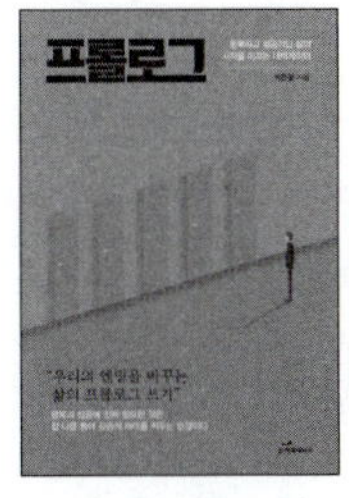

프롤로그

이은철지음 | 값 15,000원

이 책 『프롤로그』는 우리가 인생의 행복과 성공을 동시에 잡기 위해서는 올바른 삶의 '프롤로그'가 필요하다는 점을 강조하며 성공적인 삶의 프롤로그를 작성하기 위해 중요한 것들과 필요한 것들을 우리에게 이야기해준다. 자기 자신을 사랑하는 삶, 타인과 서로 도우며 공존하는 삶의 중요성을 우리에게 보여주는 다양한 비유를 통해 우리 내면에 숨겨져 있는 '참 나', 즉 진정한 나 자신에 대한 사랑을 이끌어내게 될 것이다.

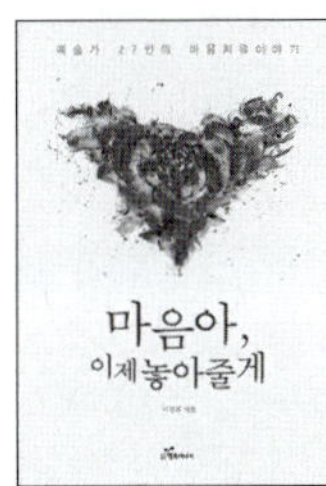

마음아, 이제 놓아줄게

이경희 지음 | 값 15,000원

책 『마음아, 이제 놓아줄게』는 갤러리 램번트가 주최한 '마음, 놓아주다' 전시 공모에서 당선된 스물일곱 예술가들의 치유 기록을 엮어낸 책이다. 여기에는 작품을 통해 상처를 예술로 승화시킨 이들의 진솔한 이야기가 담겨 있다. 화가 개개인의 작품 소개와 함께 작가의 생각, 또 저자 본인의 이야기를 덧붙여 상처를 치유하는 하나의 과정 속으로 독자를 천천히 안내한다. 그 길을 따라 걷다 보면 우리는 힘겹게 붙잡고 있던 마음을 놓아주며 상처를 치유할 수 있게 된다.